Jakob Kunzlmann

# Sozial Verantwortliches Investieren

Jakob Kunzlmann

# Sozial Verantwortliches Investieren

## Entwicklungen und Trends in Deutschland und Großbritannien

Tectum Verlag

Jakob Kunzlmann

Sozial verantwortliches Investieren. Entwicklungen und Trends in Deutschland und Großbritannien

ISBN: 978-3-8288-3006-6

Umschlagabbildung: © Fantasista | Fotolia.com
Printed in Germany


Besuchen Sie uns im Internet
www.tectum-verlag.de

**Bibliografische Informationen der Deutschen Nationalbibliothek**
Die Deutsche Nationalbibliothek verzeichnet diese Publikation in der Deutschen Nationalbibliografie; detaillierte bibliografische Angaben sind im Internet über http://dnb.ddb.de abrufbar.

## DANKSAGUNG

Die Idee zu dieser Arbeit gründete auf einem Seminar zum Bereich der *Corporate Social Responsibility* (CSR) an der Otto-Friedrich-Universität Bamberg. Eine Einbettung von Unternehmen in die Gesellschaft als Voraussetzung für verantwortliches Handeln gegenüber Gesellschaft und Umwelt war der Grundgedanke, der mir die Verbindung von Wirtschaftswissenschaft und Soziologie in spannender Weise näherbrachte. Das finanzmarktliche Anreizsystem des *Social and Responsible Investments* (SRI) schien mir die logische Weiterentwicklung des CSR-Konzepts an den Finanzmärkten der Welt. Die brennende Aktualität des Themas und der interdisziplinäre Ansatz im Spannungsfeld zwischen Wirtschaftswissenschaft und Soziologie hat sowohl auf wissenschaftlicher als auch auf persönlicher Ebene meine Erwartungen übertroffen.

Danken will ich vor allem Prof. Dr. Stefanie Hiß (Jun.-Prof.) von der Friedrich-Schiller-Universität Jena, die mich für das Thema begeistert und an den Untersuchungsgegenstand herangeführt hat und diese Arbeit mit Ideen, Hinweisen und einer hervorragenden wissenschaftlichen Beratung begleitet hat. Ebenso danke ich Prof. Dr. Richard Münch und Prof. Dr. Hans-Jürgen Aretz von der Otto-Friedrich-Universität Bamberg, die mich in zahlreichen Seminaren zum eigenständigen Denken ermutigt und schlussendlich diese Diplomarbeit betreut haben.

Widmen möchte ich diese Arbeit besonders meinen Eltern, da diese Arbeit ohne ihr besonderes Wirken und Handeln nicht möglich gewesen wäre. Ebenso meinen Schwestern und Freunden, die mich geprägt und dahin begleitet haben, wo ich heute stehe.

Berlin, im Juni 2012 Jakob Kunzlmann

# INHALTSVERZEICHNIS

ABBILDUNGSVERZEICHNIS

## TABELLENVERZEICHNIS

## ABKÜRZUNGSVERZEICHNIS

AuM: Asset under Management
BDI: Bundesverband der Deutschen Industrie
CME: Coordinated Market Economies
CSR: Corporate Social Responsibility
DJSI: Dow Jones Sustainability Indizes
DG Employment: Directorate General Employment, Social Affairs & Inclusion
ESG: Environmental, Social, Governance
HNWI: High Net Worth Individual
ICCR: Interfaith Center on Corporate Responsibility
IIGCC: Institutional Investors Group on Climate Change
IWF: Internationaler Währungsfonds
IRRC: Investor Responsibility Research Center
LME: Liberal Market Economies
NAI: Natur Aktien Index
NBS: National Business System
NIS: National Innovation System
OECD: Organization for Economic Co-Operation and Development
PPVX: Photon Photovoltaik Aktien Index
RI: Responsible Investment
SI: Social Investment
SI: Sustainable Investment
SIF: Social Investment Forum
SRI: Social Responsible Investment
UNPRI: United Nations Principles for Responsible Investment
USSIF: United States Social Investment Forum
VoC: Varieties of Capitalism

# 1 FINANZKRISE

"I think that Capitalism, wisely managed, can probably be made more efficient for attaining economic ends than any alternative system yet in sight, but that in itself it is in many ways extremely objectionable" (John Maynard Keynes 1926).

Das Vertrauen in das globale Finanzsystem hat seit Beginn der Finanz- und Wirtschaftskrise im Sommer 2008 extrem gelitten. Der Zusammenbruch von Lehman Brothers und die Verstaatlichung mehrerer Banken in Europa und den USA waren nur die sichtbarsten Zeichen für das Versagen eines Systems, das ohne externe Eingriffe in seiner bestehenden Form nicht überlebt hätte.

Die scheinbare Abkopplung der Finanzmärkte von der Realwirtschaft erwies sich einmal mehr als Trugschluss. Die in den Jahren vor der Krise geforderten und oftmals auch erreichten astronomisch hohen Kapitalmarktrenditen wurden in erster Linie durch exzessive Risikoakkumulation erkauft und nur bedingt durch eine entsprechende wirtschaftliche Entwicklung ermöglicht. Die teilweise außerordentlichen Wertsteigerungen vieler Asset-Klassen waren nicht etwa Ausdruck einer neuen Normalität, sondern vielmehr Ergebnis unverantwortlicher, in manchen Fällen unredlicher Geschäftspraktiken. Einen nicht zu unterschätzenden Beitrag zu dieser Entwicklung lieferte die enorme Liquidität, die als Treibstoff für die Computersysteme der weltweiten Börsenplätze fungierte. Die langjährige, in historischen Maßstäben einzigartige Niedrigzinspolitik der amerikanischen und japanischen Notenbanken versorgte die Märkte beständig mit frischen Mitteln.

Ein beträchtlicher Teil dieser Mittel wurde von professionellen Händlern und Vermögensverwaltern wie im Rausch in so genannte „innovative" Finanzprodukte investiert. Basis dieser Produkte ist und war die Aufteilung, Bündelung und Verbriefung von Risikoaktiva – wie beispielsweise Krediten. Durch den anschließenden Verkauf an Drittparteien in Form synthetischer Derivate wurden, aufsichtsrechtlich betrachtet, Risiken aus den Bilanzen genommen. Die scheinbare Streuung der Risiken im Gesamtmarkt ermöglichte es den Emittenten im Gegenzug, neue Risiken aufzunehmen, um den Vorgang dann erneut zu wiederholen. Als Resultat ergab sich eine Schwemme exotischer, synthetischer Derivate mit klingenden Namen wie „Asset Backed Securities" (ABS), „Collateraliced Debt Obligations" (CDOs) oder „Mortgage Backed Securities" (MBS). Dieser Exzess kann als direkte Folge des gegenwärtigen Finanzsystems interpretiert werden, dessen Triebfeder die bedingungslose Gewinnmaximierung zu sein scheint. Selbst konservative Banken, deren Kerngeschäft eigentlich die Kreditvergabe für mittelständische Unternehmen war, konnten der Versuchung nicht widerstehen und beteiligten sich schwungvoll am Handel mit ABS, CDOs & Co. Die wenigen Kritiker dieser Handelspraxis sahen sich häufig dem Vorwurf ausgesetzt, weltfremd und rückständig zu sein. Schließlich seien auf anderem Wege die hohen Renditen kaum erzielbar und das Ergebnis spreche für sich.

Der Markt hat immer Recht, lautet ein geflügeltes Wort aus den Handelssälen der Großbanken. Vor allem Investmentbanker angelsächsischer Prägung fühlten sich in höchstem Maße von den enormen Gewinnen bestätigt, die immer neuen Rekordergebnisse wurden frenetisch bejubelt. Die Frage nach der Nachhaltigkeit der Entwicklung wurde höchstens intern und hinter vorgehaltener Hand gestellt. Selbst als sich der Zusammenbruch des Kartenhauses bereits deutlich abzeichnete, führten die Verantwortlichen das Geschäft ungebrochen weiter. Eine nicht zu unterschätzende Mitschuld daran tragen die monetären Anreizsysteme der Banken in Form von gewaltigen Bonuszahlungen für „erfolgreiche" Geschäftsabschlüsse, die von eifrigen Mitarbeitern bis zur letzten Minute abgeschöpft wurden. In der Rückschau wird klar, dass nicht die synthetischen Derivate allein der Auslöser der Finanzkrise waren, sondern ein Zusammenspiel von vielen Faktoren. Die wichtigsten davon sind wohl das bedingungslose Diktat der Gewinnmaximierung, der überzogene Glaube an die Prognosefähigkeit von Finanzunternehmen und Ratingagenturen, die ungewöhnlich hohe Liquidität – und letztendlich die übertriebene Gier.

Die Folgen dieser Kombination sind hinlänglich bekannt, das Finanzsystem stand vor dem Kollaps und konnte nur durch staatliche Hilfen vor dem völligen Zusammenbruch gerettet werden. Weltweit wurden Rettungsschirme aufgebaut, Banken verstaatlicht und Staatsgarantien gegeben. Es ging so weit, dass sich der Präsident der amerikanischen Notenbank (FED) zu dem Satz hinreißen ließ, zur Bewältigung der Krise notfalls Liquidität mit dem Helikopter abwerfen zu wollen. Vier Jahre nach dem Ausbruch der Krise leidet die globale Wirtschaft noch immer, und schon werden neue Lücken im Finanzsystem offenbar. Die Schuldenlast, vor allem der Industrienationen, wächst, allen voran in Japan und in dem im Moment im Mittelpunkt stehenden Griechenland. Wiederum werden Hilfen von Seiten der Europäischen Union und des Internationalen Währungsfonds (IWF) zur Verfügung gestellt. Kurz: es herrscht Aufruhr an den Finanzmärkten!

Auf der anderen Seite haben sich in den letzten 30 Jahren Anlageprodukte entwickelt, die den Gedanken der Nachhaltigkeit an die Börsen der Welt tragen. Gewinne und Renditen sind auch hierbei das Ziel, jedoch nicht um jeden Preis. Soziale, ökologische und ethische Kriterien bestimmen bei diesen Produkten, neben den Renditeerwartungen, die Investition. Firmen und Staaten, die in den Augen der Anleger ihre Verpflichtungen gegenüber der Gesellschaft erfüllen, neue Technologien entwickeln, effizienter mit Ressourcen umgehen oder ressourcenschonend arbeiten, wird Geld geliehen. Ziele hierbei sind keine kurzfristigen Gewinne, sondern mittel- bis langfristige kontinuierliche Anlagen die einen ganzheitlicheren Ansatz von Investition verfolgen. Sowohl Umweltaspekte sowie soziale als auch ethische Standards fließen in die Anlageentscheidung mit ein, es wird also über die reine Renditeorientierung hinausgegangen. Dieser Bereich des Social Responsible Investments (SRI) hat sich in den letzten Jahren enorm entwickelt. Es sind zweistellige Wachstumsraten in den industrialisierten Ländern zu verzeichnen, immer mehr Fondsgesellschaften nehmen diesen Bereich in ihre Angebotspalette auf, und auch von staatlicher Seite erfährt diese Art der Anlage Unterstützung. SRI soll hier nicht als Gegenentwurf zu einem Finanzmarkt der schnellen, hohen Renditen verstanden werden, dennoch entwickelt sich damit eine alternative Denkweise, die neu ist an den Börsen und nach ihrem Platz an den Finanzmärkten sucht.

## 2 FRAGESTELLUNG

Im Zuge der vertieften Integration Europas gibt es sowohl auf nationalstaatlicher als auch auf EU-Ebene Bestrebungen, durch gesetzliche Vorschriften SRI zu fördern, vor allem bei institutionellen Anlegern. Zu nennen sind die „Sustainable Development Strategy" der Europäischen Union wie auch verschiedene auf nationalstaatlicher Ebene verabschiedete Gesetze. Diese Bestrebungen haben sowohl zum Ziel, dass andere Kriterien als nur die Rendite Investitionsentscheidungen beeinflussen, als auch die Verbesserung der Anlagetransparenz von Publikumsfonds und Rentenfonds. Ein weiterer Schritt ist der Aufbau von nationalen Social Investment Foren (SIFs) und eines Europäischen SIF (EUROSIF), welche eine Öffentlichkeit für dieses Thema schaffen und Anlegern sowie Anbietern von SRI-Produkten als Informationsquelle und Plattform dienen sollen.

Auch auf globaler Ebene gibt es eine Vielzahl von Initiativen zur Forcierung von SRI. Zu nennen sind hier der Global Compact, das United Nations Programm for Responsible Investment (UNPRI) und Initiativen der OECD. Neben der auch hier angestrebten Erhöhung der Transparenz der Unternehmenspolitiken und der Anlagestrategien der Fondsgesellschaften ist die Hauptzielrichtung, dass vermehrt nach einer differenzierteren Anlagestrategie, den ESG (Environmental, Social, Governance)-Kriterien, Portfoliomanagement betrieben wird.

Wie im Laufe der vorliegenden Arbeit gezeigt wird, hat sich auf supranationaler und nationalstaatlicher Ebene der Mythos eines „moralisch besseren" Anlageverhaltens dergestalt etabliert, dass man weiche Kriterien in sein Anlageverhalten mit einfließen lässt und die Rendite nicht das einzige Auswahlkriterium darstellt. Es sind verschiedene Akteure auszumachen, die diesen Mythos durch wissenschaftliche Untersuchungen nähren, durch Veröffentlichungen verbreiten und durch freiwillige wie auch gesetzlich verpflichtende Initiativen implementieren. Es hat sich neben dem klassischen Rendite- und Gewinnmaximierungsverhalten am Finanzmarkt ein Anlegerklientel herausgebildet, das sich diesem Mythos hingibt und dessen Verhalten am Finanzmarkt neue Produktstandards – SRI-Produkte – einfordert. Der Teilbereich des Finanzmarktes, der mit diesen „neuen" Produkten handelt, ist hochgradig legitimiert und versucht Einfluss auf die Verhaltensweisen der Akteure hinsichtlich des Anlageverhaltens und des Screenings zu nehmen. Isomorphe Prozesse, die auf eine Konvergenz zum einen bei den Handlungen der Anbieter von Finanzprodukten, zum anderen bei dem Anlageverhalten von Investoren abzielen, sind somit zu vermuten.

Auf der anderen Seite gibt es nationalstaatlich gewachsene Eigenheiten, die die SRI-Märkte innerhalb der Länder strukturieren. Bei „ethischem" Investieren in Großbritannien werden andere Auswahlkriterien angelegt als bei SRI-Fonds, die in Deutschland aufgelegt werden. Trotzdem wird beides als SRI deklariert. Diese Auswahlkriterien haben kulturelle Hintergründe und sind in jedem Land unterschiedlich. Wie im Verlauf der Arbeit gezeigt wird, kann der lokale Kontext als bestimmendes Einflusskriterium für Anlegerverhalten gesehen werden. Der SRI-Markt hat sich in verschiedenen Ländern zu unterschiedlichen Zeitpunkten mit unterschiedlichen Intentionen der Anleger entwickelt. Auf diese unterschiedlichen Nachfragesituationen haben Fondsgesellschaften auch unterschiedlich reagiert und ihr Angebot dem jeweiligen Kontext angepasst. So sind Themenfonds in Deutschland sehr populär, da sich seit den 1980er Jahren eine große Öffentlichkeit für den Umweltschutz entwickelt hat. In Großbritannien gilt eine Anlagestrategie, die sich an persönlichen Ansichten zu Menschenrechten und ethischem Verhalten orientiert, als weit verbreitet. Hinsichtlich dieser Einschätzung ist der Anlagemarkt in verschiedenen Ländern in lokale Kontexte eingebettet und pfadabhängige Entwicklungen sind auszumachen, die in hohem Maße strukturierend auf die Anbieter von SRI-Fonds wie auch auf die Anleger wirken.

Was die Entwicklung des SRI-Marktes angeht, kommen die zwei eben vorgestellten Argumentationsmuster zu diametral entgegengesetzten Vermutungen. Die Frage, die in der vorliegenden Arbeit beantwortet wird, ist somit: *Gibt es in einem enorm anwachsenden SRI-Markt innerhalb Europas eine Tendenz hin zu einer Konvergenz hinsichtlich der Methodik der Anlagestrategien der Investoren und damit der Angebote von Fondsgesellschaften oder sind, als Ausdruck einer lokalen Divergenz, pfadabhängige Entwicklungen innerhalb der Staaten zu beobachten? Nähern sich die Auswahlkriterien und Aktionsmuster der Akteure des Finanzmarktes in den einzelnen Staaten in den letzten 10 Jahren einander an oder bleiben sie nationalstaatlich verhaftet?*

## 2.1 Konzeption der Arbeit

Der Institutionalismus bietet eine sehr gute Basis, um die Fragen zu untersuchen, die in der vorliegenden Arbeit gestellt werden. Im Institutionalismus wird davon ausgegangen, dass sich Akteure in einem institutionellen Umfeld, der Umwelt, befinden, die das Verhalten in hohem Maße strukturiert. Bei diesem Gegenentwurf zum Rational-Choice-Ansatz, bei dem rein interessengeleitete Individuen ihre Handlungen danach ausrichten, was den größten Nutzen für sie bringt, sind Akteure aus Sicht des Institutionalismus in eine Umwelt eingebettet, die Verhaltensweisen vorgibt. Verhaltensweisen werden deshalb vorgegeben, weil sie erwartet werden und weil ein Zuwiderhandeln gegen diese Erwartungen Sanktionen verschiedener Art hervorruft.

In der vorliegenden Arbeit werden zwei unterschiedliche Richtungen des Institutionalismus behandelt, die beide von den Prämissen der Einbettung des Akteurs in die Umwelt und der Strukturierung des Akteurs durch diese Einbettung ausgehen. „Als Institutionalismus kann man insgesamt diejenigen Ansätze bezeichnen, die sich mit der Untersuchung von Institutionen beschäftigen und dabei annehmen, dass Institutionen wichtig sind, um soziales Handeln und Prozesse der Gesellschaftsentwicklung zu verstehen" (Hasse/Krücken 2005: 15).

Es werden anhand der neueren institutionalistischen Schule, die den Fokus auf eine kulturell-kognitiv gestaltete Umwelt, eine Homogenisierung aufgrund von isomorphen Prozessen und eine Neigung zur Konvergenz bei outcome-Formalstrukturen legt, die Akteure und deren Interaktion in einem organisationalen Feld untersucht. Hierbei wird sowohl auf die grundlegenden Arbeiten von Zucker (1977), Meyer/Rowan (1977), DiMaggio/Powell (1983, 1991), Meyer/Scott (1983), Meyer/Jepperson (2000) als auch auf neuere Ansätze von Krücken (2005) und Greenwood et al. (2008) eingegangen. Untersucht werden soll das organisationale Feld des SRI-Marktes mit Hilfe der Abgrenzungen von DiMaggio/Powell (1983), die ein organisationales Feld durch eine Zunahme der Interaktion innerhalb des Feldes, eine klare Abgrenzung des Feldes nach außen, eine Machthierarchie innerhalb des Feldes unter den Akteuren und eine reziproke Wahrnehmung der Akteure als Teilnehmer in diesem Feld kennzeichnen. Weiter wird bei der Definition des SRI-Marktes als organisationales Feld auf die Arbeiten von Scott/Meyer (1991, 1994) und Scott (1994, 2001) eingegangen.

Darüber hinaus finden sich institutionalistische Erklärungsansätze, die vor allem die Unterschiede zwischen Nationalstaaten betonen. Das Augenmerk wird hier auf eine lokale Einbettung der Akteure in ihre Umwelt gelegt, und es kommt demzufolge zu pfadabhängigen Prozessen, die die Wichtigkeit von lokalen Kontexten hervorheben. Beispielhaft hierfür wird mit dem von Whitley (1994a, 1994b, 1999) entwickelten National Business Systems-Ansatz operiert, der die Heterogenität unterschiedlicher nationalstaatlicher Muster von Arbeitsbeziehungen, Arbeitsabläufen, Hierarchien und Formen des Kapitalismus hervorhebt und die weitere Entwicklung von verschiedenen Systemen nicht in einer strukturellen Angleichung, sondern als nationalstaatlich verhaftet ansieht. Als Beispiel für diese theoretische Ausrichtung können die Arbeiten von Hall/Soskice (2001) und Esping-Andersen (1990) über unterschiedliche Kapitalismusformen und Wohlfahrtsstaatsmodelle sowie der National Innovation Systems-Ansatz von Nelson (1993), Lundvall et al. (2002) und Edquist (1997, 2005) genannt werden, die ebenfalls in der vorliegenden Arbeit berücksichtigt werden.

In Abbildung 1 ist zu sehen, dass das zu untersuchende organisationale Feld als Mittelpunkt der Analyse dient. Das Feld des SRI, wie es in dieser Arbeit untersucht wird, erstreckt sich über nationalstaatliche Grenzen hinweg. Fondsgesellschaften und Ratingagenturen operieren global, gesetzliche Vorschriften werden national wie auch supranational entworfen und implementiert. Die Akteure sind also sowohl national verankert – also in dem Land, in dem sie ansässig sind – als auch international tätig, da die Reichweite ihrer Handlungen nationale Kontexte sprengt: Somit ist der SRI-Markt transnational konstruiert. Es werden die unterschiedlichen Akteure des Feldes herausgearbeitet, welche im SRI-Markt einerseits Fondsgesellschaften, Banken, Ratingagenturen und Herausgeber von Indizes, institutionelle und private Anleger sind und andererseits Nationalstaaten und die Europäische Union als gesetzgeberische Instanzen. In dieser Arbeit wird das Augenmerk vor allem auf die unterschiedlichen Anleger und ihr Verhalten, auf die gesetzlichen Vorstöße der EU und der Nationalstaaten sowie auf die Produkte der Fondsgesellschaften gelegt.

Die Hauptakteure des SRI-Marktes sind in eine Umwelt eingebettet, die sie strukturiert. Diese Umwelt kann je nach Betrachtungsweise entweder als kulturell-kognitiv konstruiert, auf der Makro-Ebene extern hochgradig legitimiert und auf der formalen Ebene strukturierend gesehen werden oder aber als aus lokalen Zusammenhängen zusammengesetzt, nationalstaatlich verhaftet, und somit in jedem Land „eigene" Umwelt, die unterschiedlich auf die Akteure einwirkt. Eingebettet in diese, je nach Lesart unterschiedlichen, Umwelten stehen den Akteuren bestimmte Muster der Kommunikation und Interaktion zur Verfügung. Diese zentrale Untersuchungseinheit des organisationalen Feldes wird nun mit Hilfe der zwei zur Anwendung kommenden Theorien untersucht.

Der Neo-Institutionalismus nach Meyer (1994, 2000, 2005) geht davon aus, dass sich auf weltgesellschaftlicher Ebene Mythen gebildet haben, die bestimmte Handlungsweisen von den Akteuren einfordern. Diese Rationalitätsmythen sind hochgradig legitimiert und diffundieren durch unterschiedliche Medien und Interaktionsformen bis zu den Akteuren. Diese sehen sich einem Handlungsdruck ausgeliefert, der zu mimetischen, normativen oder zwanghaften Angleichungsprozessen führt (vgl. DiMaggio/Powell 1983, Meyer 2000). Akteure wollen ihr Überleben sichern und gleichen sich deswegen auf der Formalebene an Mythen an. Es kommt zu einer Homogenisierung des Verhaltens und einer formalen Konvergenz der Akteure.

Demgegenüber kommt die vergleichende Schule des Institutionalismus nach Whitely (1994a, 1994b, 1999) zu anderen Ergebnissen. Hier wird davon ausgegangen, dass die Akteure in lokale Kontexte eingebettet sind. Da lokal gewachsene Strukturen von Arbeitsbeziehungen, Hierarchien, Wohlfahrtsstaatsmodellen und Kapitalismusformen die Akteure konstruieren, sind pfadabhängige Entwicklungen innerhalb des organisationalen Feldes zu erwarten. Dieselben Akteure im Feld, die über die gleichen Interaktionsmedien und -mechanismen verfügen, werden auf der Formalebene keine Homogenisierung erfahren, sondern es sind vielmehr nationalstaatliche Unterschiede auszumachen, die sich im Zeitverlauf nicht annähern. Sie bleiben lokal eingebettet und es bleibt bei einer Divergenz im Verhalten der Akteure.

In Abbildung 1 sind diese zwei gegenläufigen Annahmen grafisch aufbereitet. Der SRI-Markt besteht aus verschiedenen Akteuren, die zum einen transnational operieren, und auf der anderen Seite nationalstaatlich verankert sind. Diese Akteure befinden sich in ständiger Interdependenz, nehmen sich wahr und interagieren mit den ihnen zur Verfügung stehenden Mitteln. *Laut Arbeitshypothese 1 haben sich institutionalisierte Rationalitätsmythen auf globaler Ebene herausgebildet, die ein hohes Druckpotential auf die Akteure ausüben. Es laufen Mechanismen der Anpassung ab, die zwanghaft, mimetisch oder normativer Natur sein können. Der Effekt ist, dass ein Überleben der Akteure nur stattfindet, wenn sie sich diesen isomorphen Tendenzen ergeben, d.h. eine Anpassung an die Mythen erfolgt. Dies legitimiert das Verhalten der Akteure nach außen und es kommt zu einer Homogenisierung und einer formalen Konvergenz im Verhalten.*

Die Arbeitshypothese 2 hat denselben Untersuchungsgegenstand, den SRI-Markt. Es werden jedoch die lokalen Kontexte hervorgehoben die strukturierend auf die Akteure wirken. Pfadabhängige Entwicklungen determinieren das Verhalten der Akteure. Das Ergebnis ist eine Beibehaltung von nationalstaatlichen Mustern, eine Divergenz und Heterogenität hinsichtlich des Verhaltens der Akteure, und damit eine lokale Einbettung und Strukturierung der Akteure.

**Abbildung 1: Konvergente oder divergente Entwicklungen des SRI-Marktes?**

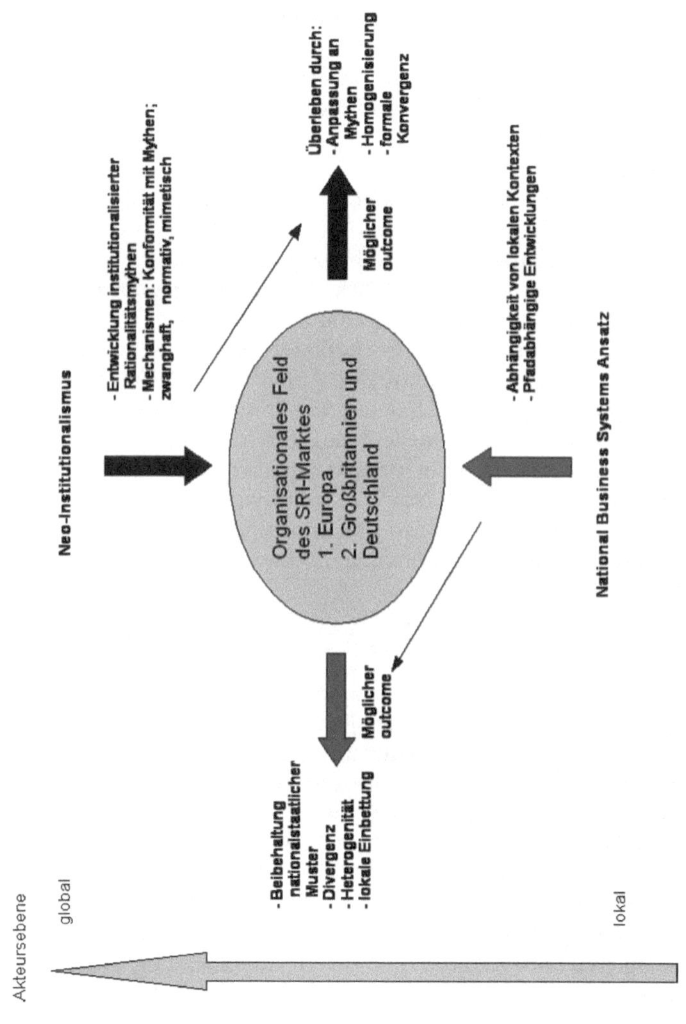


Quelle: Eigene Darstellung.

Die beiden Annahmen werden anhand einer theoriegestützten Plausibilisierung und einer Sekundäranalyse von Daten, die das Europäische Social Investment Forum seit 2003, und andere Forschungsinstitute schon seit Ende der 1990er Jahre zur Verfügung stellen, überprüft.

Mithilfe des im Folgenden erarbeiteten Begriffsinstrumentariums der beiden theoretischen Ansätze wird das organisationale Feld des SRI auf globaler und europäischer Ebene, sowie komparativ in Deutschland und Großbritannien untersucht. Anhand empirischer Daten wird dargestellt, inwieweit sich das Anlageverhalten von institutionellen und privaten Investoren verändert hat. Es werden die Screeningmethoden von Anbietern von SRI-Finanzmarktprodukten in den einzelnen Ländern erhoben, da diese Aufschluss über die Produkte geben, die von Fondsgesellschaften angeboten werden. Dies ist ein wichtiger Indikator für eine divergente oder eine konvergente Entwicklung hinsichtlich des jeweiligen Akteurs. Weiter wird der Marktanteil von SRI-Fonds am Gesamtanlagevolumen dargestellt. Anhand dieses Indikators kann das Verhalten der Anleger überprüft werden. Nimmt der Anteil von SRI-Fonds am Gesamtanlagemarkt zu oder ab? Und welche Anleger sind vor allem auf dem Markt vertreten? Institutionelle Anleger, also Verbände, Stiftungen, Kirchen oder Rentenfonds, oder private Anleger, unter die auch sehr wohlhabende Personen („High Net Worth Individuals", HNWIs) fallen? Anhand dieser Indikatoren werden die Annahmen beispielhaft an zwei Staaten, Deutschland und Großbritannien, überprüft.

## 2.2 Strukturelle Vorgehensweise

Die Arbeit ist so strukturiert, dass durch eine theoriegeleitete Plausibilisierung sowie anhand empirischer Daten auf die beiden Hypothesen eingegangen und deren Aussagekraft mit dem entsprechenden Begriffsinstrumentarium überprüft wird. Die ersten zwei Kapitel dienen zur Ausarbeitung der unterschiedlichen theoretischen Ansätze des Neo-Institutionalismus und des „europäischen" Institutionalismus.

In Anlehnung an die Arbeiten von John W. Meyer werden in Kapitel 3 die grundlegenden Definitionen von Institutionen, die Konstruktion von Umwelt und die Mechanismen, die ausschlaggebend sind, herausgearbeitet. Zuspitzen wird sich die Ausführung auf einen Begriff von organisationalem Feld, der aus verschiedenen Elementen und Denkansätzen gewonnen wird und mittels dessen der SRI-Markt erfasst wird.

In Kapitel 4 wird die „europäische" Schule des Institutionalismus vorgestellt, und es wird exemplarisch auf den National Business Systems-Ansatz nach Whitley eingegangen, der die zweite Hypothese untermauert. Dies soll vor dem Hintergrund des Varieties of Captalism-Ansatzes von Hall/Soskice und dem National Innovation Systems-Ansatz von Nelson und Lundvall geschehen. Abschließend werden die beiden Ansätze verglichen, die jeweiligen Unzulänglichkeiten aufgezeigt, aber auch die Chancen für Erklärungen herausgearbeitet. In Kapitel 5 wird das organisationale Feld des SRI-Marktes konstruiert. Es werden die Genese des Untersuchungsgegenstandes, seine Akteure und die intern ablaufenden Interaktionsmechanismen vorgestellt.

In Kapitel 6 wird das organisationale Feld des SRI-Marktes mit Hilfe beider theoretischer Ansätze untersucht. Zuerst wird eine neo-institutionalistische Perspektive eingenommen, die zu plausiblen Aussagen hinsichtlich des SRI-Feldes auf europäischer Ebene kommt. Mit Hilfe der zweiten Forschungsperspektive, einer vergleichenden institutionalistischen Plausibilisierung, wird darauf folgend dezidiert auf die SRI-Märkte in Deutschland und Großbritannien eingegangen und die These einer divergenten Entwicklung ausgearbeitet.

Ergebnis dieser Untersuchung wird sein, dass SRI als lokal adaptiertes Muster eines lokalen Mythos aufgefasst werden kann und sowohl der neo-institutionalistische Ansatz als auch der vergleichende institutionalistische Ansatz auf unterschiedlichen Ebenen die Entwicklungen plausibel erklären können. Dies wird im Schlusskapitel über verschiedene SRI-Kulturen dargestellt.

# 3 THEORETISCHE GRUNDLAGEN I – NEOINSTITUTIONALISMUS

Der Begriff der Institution wird seit langem in der soziologischen Fachliteratur ausgiebig diskutiert. Grundsätzlich ist eine Unterscheidung zwischen dem Alltagsgebrauch des Begriffs und seiner wissenschaftlichen Anwendung zu treffen. Während eine Institution in der Alltagssprache ein Ministerium oder irgendein meist politisch konstruiertes Amt sein kann, ist der soziologische Gebrauch wesentlich weiter gefasst.

Mittels Institutionen im soziologischen Sinne wird eine mögliche Antwort auf die Frage *Wie ist soziale Ordnung möglich?* gegeben. Da, im Gegensatz zum methodologischen Individualismus, das reine Zusammenspiel von Einzelpersonen nicht ausreicht, um eine verlässliche Struktur in eine komplexe Welt zu bringen, bedarf es Handlungsanweisungen und Gesetzmäßigkeiten, die für den Einzelnen entscheidend sind, um sich zurechtzufinden. Diese Handlungsnormen liefern Vorlagen, wie man sich verhalten kann, um ein gewünschtes Ergebnis zu erreichen. Somit dienen Institutionen allgemein einer Komplexitätsreduktion der Umwelt. Victor Nee beschreibt das institutionalistische Paradigma als „[...] the concept of choice within constraints" (Nee 1998: 8). Der Handlungsrahmen, der durch den Aufbau von Institutionen entsteht, beschränkt die Wahl der Handlungsmöglichkeiten.
Weiter schreibt er:

> "Institutions, defined as webs of interrelated rules and norms that govern social relationship, comprise the formal and informal social constraints that shape the choice-set of actors. Conceived as such, institutions reduce uncertainty in human relation. They specify the limits of legitimate action in the way that the rules of a game specify the structure within which players are free to pursue their strategic moves using pieces that have specific roles and status positions" (Nee 1998: 8).

Normen werden als implizite oder explizite Regeln eines erwarteten Verhaltens verstanden.
Einen Schritt weiter gehen Streeck und Thelen:

> "Very generally, institutions may be defined as building blocks of social order: they represent socially sanctioned, that is, collectively enforced expectations with respect to the behaviour of specific categories of actors or to the performance of certain activities. Typically they involve mutually related rights and obligations for actors, distinguishing between appropriate and inappropriate, right and wrong, possible and impossible actions and thereby organizing behaviour into predictable and reliable patterns" (Streeck/ Thelen 2005: 9).

Diese Regeln sanktionieren Verhalten oder lösen erwünschtes Verhalten aus. Es wird an dieser Stelle zwischen „richtigem" und „falschem" Verhalten sowie zwischen „angemessenen" und „unangemessenem" Verhalten unterschieden, wobei das Individuum jederzeit selbst entscheiden kann, wie es sich verhält. Die Folgen der Handlung hat der Akteur jedoch im Blick und wird dazu getrieben, ein „angemessenes" oder „richtiges" Verhalten an den Tag zu legen.

Einen weiteren Begriff bringt Mühlmann ins Spiel, indem er schreibt: „Institutionen nennen wir die jeweils geltende, einen Sinnzusammenhang bildende, durch Sitte und Recht öffentlich garantierte Ordnungsgestalt, in der sich das Zusammenleben der Menschen darbietet" (Mühlmann in: Schülein 1998: 47). Neben der ordnenden Funktion wird hier, in Anlehnung an die Definition von sozialem Handeln von Max Weber, die Sinnhaftigkeit von sozialem Handeln durch Institutionen hervorgehoben.
In dieser Tradition sieht auch Meyer Institutionen. Für ihn sind es

> „[...] kulturelle Regeln, die bestimmten Einheiten und Handlungen kollektiven Sinn und Wert verleihen und sie in einen größeren Rahmen integrieren. Dabei gelten uns sowohl die Handlungsmuster als auch die Einheiten, die sie ausführen (Individuen und andere soziale Einheiten) als durch solche allgemeine Regeln konstruiert" (Meyer/Boli/Thomas 2005: 18).

Somit erzeugen Institutionen auf der einen Seite eine Freiheit des Handelns, da durch sie Erwartungen an andere Individuen und Akteure gestellt werden können und ein Zusammenleben erst ermöglicht wird, auf der anderen Seite beschränken sie aber auch die Freiheit des Individuums. Dementsprechend sind die Akteure und ihre Handlungsmuster kulturell konstruiert, was bedeutet, dass der Sinnzusammenhang, in dem sie agieren und auf den sie sich beziehen, hochgradig einheitlich innerhalb einer Kultur ist.

Das am weitesten entwickelte Konzept von Institutionen und ihre funktionale Relevanz in einem Gesellschaftssystem ist 1991 von Scott entwickelt worden. Für ihn tragen Institutionen eine kausale, handlungsrelevante Kraft in sich. Diese entfaltet sich über unterschiedliche Mechanismen (vgl. Senge 2006: 38 ff.). Scott unterscheidet zwischen regulativen, normativen und kognitiven Institutionen.

Institutionen können auf unterschiedliche Art und Weise zwischenmenschliche Interaktionen strukturieren. Durch explizit formulierte Gesetze, Regeln oder Sanktionen wird dies auf eine regulative Art getan. Staaten oder Gemeinschaften bauen Gesetzeswerke auf, die ein Zusammenleben ermöglichen und gleichzeitig ein gewisses Maß an Freiheit gewährleisten. Ein Hobbes'scher Leviathan hat die Gewalt, zu strafen und zu sanktionieren, da ihm die Allgemeinheit ein gewisses Maß an Rechten übertragen hat. Die Quelle der institutionellen Kraft ist hierbei der Zwang.

> "In this conception, regulatory processes involve the capacity to establish rules, inspect others' conformity to them, and, as necessary, manipulate sanctions – rewards or punishments – in an attempt to influence future behaviour" (Scott 2003: 52).

Gleichzeitig kann durch moralische Vorstellungen, die in Gesellschaften verankert sind, ein Anreizsystem geschaffen werden, das Verhalten normativ bindet. Deswegen wird durch ein System von Belohnung versucht, sozial erwünschtes Verhalten zu verstärken. Der Akteur internalisiert diese Wert- und Normmuster und fügt sie seinem eigenen Wertekanon hinzu. Durch rationale Entscheidung wird nun bewertet, ob das eigene Verhalten mit diesem Wertekanon übereinstimmt oder nicht. Kommt es zu einem Verhalten, welches nicht dem Wert- und Normmuster entspricht, wird der Akteur zum einen dadurch bestraft, dass seine Handlungen nicht mit den Mustern, die er sich zu eigen gemacht hat, übereinstimmen, zum anderen erfolgt eine Bestrafung durch die abstrakte moralische Autorität der Gesellschaft, die einen Erwartungsdruck aufgebaut hat, dem der Akteur nicht entsprochen hat. Es drohen gesellschaftliche Sanktionen, die jedoch nicht mit formalen Strafen, d. h. Gefängnis, belegt sind, sondern weich, d. h. durch gesellschaftliche Ächtung, funktionieren.

> "Emphasis here is placed on normative rules that introduce a prescriprive, evaluative, and obligatory dimension into social life. Normative systems include both values and norms. *Values* are conceptions of preferred or the desirable, together with the construction of standards to which existing structures or behaviour can be compared and assessed. *Norms* specify how things should be done; they define legitimate means to pursue valued ends. Normative systems define goals or objectives (e. g., winning the

game, making profit) but also designate ways to pursue them (e. g., rules specifying how the game is to be played, conceptions of fair business practices)" (Scott 2001: 54 f.).

Durch Norm- und Wertvorstellungen, welche in einer Gesellschaft verankert sind, wird das Verhalten von Akteuren strukturiert.

Der dritte Bereich, über den Prozesse von Institutionalisierung ablaufen, ist der kulturell-kognitive. Es wird ein konstitutives Schema aufgebaut, das die Welt für den Einzelnen verstehbar macht und eine Anschlussfähigkeit in der Kommunikation mit anderen gewährleistet. Dieses Schema ist tief verwurzelt und bezieht sich vor allem auf ein gemeinsames Verständnis von Umwelt und sozialen Austauschbeziehungen. „[...] the shared conceptions that constitute the nature of social reality and the frames through which meaning is made" (Scott 2001: 57). Kognitive Institutionen sind „Skripte" oder „Drehbücher" für Wahrnehmungen und Handlungen. Durch diese Skripte werden Handlungen zu Routinen und laufen regelmäßig, selbstverständlich und quasi automatisch ab. Die Skripte sind in einer rationalisierten Umwelt gelagert und werden ständig weiterentwickelt und verändert. Dies geschieht durch Gesetzgebung von Staaten, durch wissenschaftliche Erkenntnisse sowie durch Blaupausen, wie bestimmte Berufsgruppen zu handeln haben.

"Such institutionalized patterns affect the rise and the evolution of organizations through their dominance as cognitive models; a variety of additional incentives (from prestige to coercive control) also are attached to them" (Meyer 1994: 33).

Regelhafte Handlungen lassen sich also kausal auf eine Institution zurückführen. Eine Institution kann alles sein, woraus sich eine regelhafte, zu erwartende und in den Augen der Gesellschaft „selbstverständliche" Handlung ergibt. Eine Institution kann demnach die Gesellschaft selbst, der Staat, Gesetze, Organisationen, Glaubenssysteme, Rollen oder auch Familienstrukturen sein (vgl. Senge 2006: 38 ff.).

**Tabelle 1: Regulative, normative und kognitive Institutionen**

| | *Regulativ* | *Normativ* | *Cultural-Cognitiv* |
|---|---|---|---|
| *Basis of complience* | Expedience | Social obligation | Taken for grantedness<br>Shared understanding |
| *Basis of order* | Regulativ rules | Binding expectations | Constitutive schema |

| *Mechanisms* | Coercive | Normative | Mimetic |
|---|---|---|---|
| *Logic* | Instrumentality | Appropriateness | Orthodoxy |
| *Indicators* | Rules<br>Laws<br>Sanctions | Certification<br>Accreditation | Common beliefs<br>Shared logic of action |
| *Basis of legitimacy* | Legally sanctioned | Morally governed | Comprehensable<br>Recognizable<br>Culturally supported |

Quelle: Scott, Richard W. (2001): Institutions and Organisations. Second edition, Thousend Oaks, London, New Delhi: Sage: S. 47–89.

Als Kritik an dem Modell von Scott kann angeführt werden, dass kognitive Institutionen bei näherer Betrachtung als eine Art Proto-Stufe der Wahrnehmung gedacht werden können, da keine Ebenengleichheit zwischen regulativen, normativen und kognitiven Institutionen herrscht. Kognitive Institutionen sind allgemeine Glaubensvorstellungen, und demnach umfassen sie auch regulative und normative Institutionen. Die allgemeinen Skripte, die Handlungsanweisung geben, schließen die gesamte wahrnehmbare Welt, also auch Werte, Normen, Gesetze und Regeln mit ein, während Scott sie idealtypisch von kognitiven Institutionen trennt (vgl. Senge 2006: 41.).

Eine gute Zusammenfassung des hier Ausgeführten geben Greenwood et al. in ihrer Definition von Institutionen:

> "[...] we understand the term to refer to more-or-less taken for granted repetitive social behaviour that is underpinned by normative systems and cognitive understandings that give the meaning to social exchange and thus enable self-reproducing social order" (Greenwood et al. 2008: 4 f.).

Im Folgenden wird der in dieser Arbeit favorisierte Institutionenbegriff hervorgehoben. In Anlehnung an Meyer wird das Hauptaugenmerk in diesem Kapitel auf den kulturell-kognitiven Bereich gelegt. Dieser schließt die anderen zwei Institutionenbegriffe mit ein und fungiert als Ausgangspunkt für die Mechanismen und Dynamiken, auf die später in dieser Arbeit eingegangen wird. Die Entscheidungen von Akteuren gehen somit über ein reines „Rational-Actor"-Modell hinaus. Eine bloße Nutzenmaximierung, sowohl subjektiv als auch ökonomisch verstanden, ist nicht das einzige Kalkül, welches einer Handlungsentscheidung zugrunde gelegt werden kann. Vielmehr wird eine gemeinsame Lebenswelt antizipiert und durch diese gemeinsame Wahrnehmung eine kulturell geprägte Aktionslogik geschaffen, die für Akteure Handlungsanweisung auf verschiedenen Ebenen bedeutet. Infolgedessen strukturiert eine institutionalisierte Umwelt zu einem großen Teil die Handlungen der Akteure. Doch dies bedarf einer näheren Betrachtung, wobei zunächst, nach dem hier ausführlich dargestellten Institutionenbegriff, auf diejenige Einheit eingegangen wird, die zum einen als Triebfeder des gesellschaftlichen Austausches verstanden werden kann und zum anderen den Untersuchungsgegenstand der vorliegenden Arbeit darstellt: den Akteur.

## 3.1 Akteure als Träger sozialer Agentschaft

Es erfolgt auch hier eine enge Anlehnung an die Ausführungen des nordamerikanischen Institutionalismus, da er das Augenmerk auf eine kulturelle Konstruktion des Akteurs legt. In den Anfängen, Ende der 1970er Jahre, sind zwei Strömungen bezüglich der Theorieebene im Neo-Institutionalismus auszumachen. Die drei Autoren, die damals die wegweisenden Artikel verfassten, Meyer/Rowan und Lynne Zucker, gehen zwar von einer einheitlichen ethnomethodologischen Fundierung zur Beschreibung von kultureller Beharrung und der Weitergabe von kulturell geteilten Mustern aus und verweisen damit auf Berger/Luckmann, ihr Fokus richtet sich jedoch auf unterschiedliche Ebenen. Meyer/Rowan betrachten die Meso- und Makroebene mit Hilfe von Rationalitätsmythen, Zucker hingegen rückt die Mikroperspektive ins Zentrum.

Zucker argumentiert, dass hochgradig institutionalisierte Praktiken stabil, von Einzelpersonen unabhängig und veränderungsresistent sind. Falls der Kontext als hochgradig institutionalisiert angesehen wird, werden Handlungsskripte verwendet, ohne dass darüber reflektiert wird (vgl. Meyer/Hammerschmid 2006: 161 f.). Somit bekommen die Praktiken – als gesellschaftliches Wissen gesehen – eine neue Qualität. Die subjektiv wahrgenommene Realität wird für alle gleich strukturiert. Wie Dinge gesehen werden, wird vorgegeben und damit auch die daraus folgenden Handlungen.

> "For highly institutionalized acts, it is sufficient for one person to tell another that this is how things are done. Each individual is motivated to comply because otherwise his actions and those of others in the system cannot be understood; the fundamental process is one in which moral becomes factual" (Zucker 1977: 726).

Aufgrund dieser starken Verankerung von kognitiv wahrgenommenen Institutionen werden die Situationsdefinitionen der Akteure stark beeinflusst. Auf der anderen Seite interpretieren die Akteure diese Definitionen und handeln danach. Demzufolge werden über Generationen hinweg in einem wechselseitigen Verhältnis Institutionen beibehalten und/oder verändert.

Meyer/Rowan gehen in ihrem grundlegenden Text von 1977 davon aus, dass rationale Mythen individuelle sowie kollektive Akteure strukturieren. Eine machtvolle Umwelt dient als Erwartungsstruktur, d. h. die Akteure nehmen an, dass andere bestimmte institutionalisierten Praktiken von ihnen erwarten. Die rationalisierte und hochgradig legitimierte formale Struktur dient als Blaupause für das Verhalten in verschiedenen Bereichen der Wirklichkeit. Sei es ein Betrieb der externe Berater engagiert, um seine Effizienz zu steigern, oder ein staatliches Bildungssystem. Sie alle werden von einer rationalisierten Umwelt entweder legitimiert, falls sie die Vorgaben erfüllen – oder eben nicht. Ob die übernommenen Muster in Betrieb oder Bildungssystem ihre eigentliche Aufgabe erfüllen oder nicht, ist zweitrangig – es geht allein darum, dass den formalen Strukturen entsprochen wird.

> "Such elements of formal structure are manifestations of powerful institutional rules which function as highly rationalized myths that are binding on particular organizations" (Meyer/Rowan 1977: 343).

In einer Weiterentwicklung ihres Ansatzes aus dem Jahr 2000 formen Meyer und Jepperson den Akteur als Agenten für andere. Meyer geht davon aus, dass in den letzten 150 Jahren eine Übertragung der Handlungsfähigkeit zuletzt von der Kirche, d. h. von göttlichen Autoritäten, zum Individuum stattgefunden hat. Die im 19. Jahrhundert einsetzende Säkularisierung und das Aufkommen der positiven Wissenschaft nahmen das Individuum zum ersten Mal in die Verantwortung, frei von externen Mächten zu entscheiden und zu handeln.

> „Im Laufe der Zeit fand eine Verschiebung von solchen externen Mächten [z. B. göttlicher Macht] zu Autoritäten innerhalb der Gesellschaft selbst statt und erzeugte wachsende soziale Handlungsfähigkeit, indem Autorität von Gott zur Kirche, von der Kirche zu Staat, von Kirche und Staat zu individuellen Seelen und später zu individuellen Bürgern verschoben wurde" (Meyer/Jepperson 2005: 49 f.).

Somit übernahm der Mensch in der westlichen Welt die Aufgabe, die Gesellschaft zu prägen und sie nach seinen Vorstellungen zu verändern, was Max Weber als die „Abwendung von der außerweltlichen Askese hin zu einer innerweltlichen Askese" bezeichnete.

Vor allem die Rationalisierung der Wissenschaften schafft für Meyer ein System von legitimen Vorstellungen, auf die sich ein Kollektiv verständigen kann. Diese Rationalisierung der Naturvorstellung bringt einige Besonderheiten des modernen Akteurs hervor. Sie erzeugt zum einen eine wissenschaftlich fundierte Übereinkunft über Strukturen und Prozesse, zum anderen werden dadurch wiederum legitime Interessen bei Akteuren hervorgerufen. Legitim in dem Sinne, dass die Interessen von der Gesellschaft als rechtens und für den Einzelnen verfolgbar angesehen werden.

> „Weiter ist in der modernen westlichen Ontologie ein ständiges Schrumpfen desjenigen Bereichs zu beobachten, der direkt unter transzendent-spiritueller Kontrolle steht. Dieser Bereich wird im Laufe der Zeit in dem Maß, in dem Gott sich aus der Gesellschaft zurückzieht, erst wahrhaft transzendent. Er wird ebenfalls stark rationalisiert, wie sich an der fortgesetzten und entschlossenen Suche nach immer umfassenderen und allgemeinen Moral- und Gerechtigkeitsprinzipien zeigt" (Meyer/Jepperson 2005: 57 f.).

Die Agenten, welche diese höheren Prinzipien in der heutigen Gesellschaft vertreten, sind deshalb mit einer starken Autorität ausgestattet und besitzen ein hohes Maß an Legitimität.

Somit kann von zwei verschiedenen Grundeinheiten gesprochen werden. Zum einen von dem Akteur, der ein Individuum, eine Organisation oder eine Gruppe sein kann, und zum anderen von dem kulturellen Agenten, der „[…] Nachfolger der rationalisierten spirituellen Autorität, der legitimierte[r] Agent und Träger von Verantwortung und geschichtlicher Handlungsfähigkeit" (Meyer/Jepperson 2005: 60 f.) ist. Diese objektiven Agenten können wissenschaftliche Vereinigungen, Ratingagenturen oder andere Organisationen sein, die scheinbar interessenlos eine faktische Realität aufzeigen.

Im Folgenden führt Meyer drei verschiedene Formen von Agentschaft ein. Die Agentschaft für sich selbst, die Agentschaft für andere und die Agentschaft für Prinzipien. Jeder Akteur ist Agent für sein Selbst, indem er seine Kultur inszeniert und sich durch höherwertige Prinzipien, die er nach außen trägt, leiten lässt.

> „Indem moderne Individuen, Organisationen und Nationalstaaten sich zu legitimen Agenten für ihre zugrundeliegenden Interessen entwickeln, übernehmen sie die stark standardisierend wirkende Verantwortung, gedachte moralische und natürliche Prinzipien zu inszenieren. Das ordentliche moderne agenthafte Individuum etwa trägt bei der Gestaltung seines Lebens nicht nur die Verantwortung dafür, seinem Eigeninteresse gerecht zu werden, sondern auch den übergreifenden rationalisierten Regeln, die Handlungsfähigkeit verleihen" (Meyer/Jepperson 2005: 61).

Als Agenten für andere fungieren Akteure dann, wenn sie von Eigeninteressen absehen und anderen Akteuren helfen, kollektiv legitimierte Ziele zu verwirklichen. Dies kann in Form von Beratung, als Freund oder als

Wähler und Staatsbürger geschehen. Vor allem moderne Nationalstaaten sind oft auf Agentschaft von anderen angewiesen, da Allianzen geschmiedet werden müssen, um bestimmte Ziele zu erreichen oder um supranationale Strukturen zu implementieren. Des Weiteren dienen sie als Agenten ihrer eigenen Staatsbürger. Somit kann von einer Verschränkung und einem gegenseitigen Wechselspiel bei der Agentschaft für andere ausgegangen werden.

Als Agenten für Prinzipien treten vor allem Wissenschaftler auf, die sich mit moralischen Wertstandards oder allgemeinen Naturgesetzen beschäftigen. Sie bauen moralische und natürliche Gesetze auf, die einen hohen Grad an sozialer Autorität genießen. „Die Träger dieser Gesetze sind dann wichtige Autoritäten für die Aufrechterhaltung des Akteursstatus. Da die Stützung des Akteursstatus von Staaten, Organisationen und Individuen ein zentrales Erfordernis des modernen Systems ist, sind die Berater, die die Akteure dabei unterstützen, hochgeschätzte Autoritäten" (Meyer/Jepperson 2005: 65).

Die moderne Gesellschaft ist somit nach Meyer hochgradig kulturell inszeniert. Das Individuum, Organisationen und Nationalstaaten sind in ihren Institutionen von rationalisierten, verwissenschaftlichten kollektiven Übereinkünften begründet und legitimieren sich dadurch. Eine universalistische Moralvorstellung zwingt den modernen Akteur, nach vorgefertigten Mustern zu handeln. Der Akteur selbst schlüpft dabei oft selbst in die Rolle eines Agenten, der wiederum andere Akteure oder sich selbst veranlasst, nach diesen Wertmustern zu handeln.

> "Actors, thus, are assigned agency – derived mainly from the moral universe: it is in this sense that they are small gods. Agency is, in effect, moral action and occurs with a great deal of universalized standardisation" (Meyer 2000: 239).

Wir haben bis jetzt die Verbindung zwischen dem Akteur und einer transzendenten, kulturell gewachsenen Vorstellungswelt herausgearbeitet, die einen starken Einfluss auf individuelle und kollektive Akteure hat. Des Weiteren wurde der Prozess beschrieben, wie die kulturell inszenierte Makroebene Einfluss auf die Meso- und Mikroebene nimmt. Die Frage, die sich nun stellt, ist: Was hat dies für Auswirkungen auf die Akteure? Wie wird dieser Druck auf Individuen, Organisationen oder Nationalstaaten intern verarbeitet? Und wie ist der moderne Akteur dann intern strukturiert?

## 3.2 Isomorphismen und Entkopplung

> "For reason that we will explain, highly structured organizational fields provide a context in which individual efforts to deal rationality with uncertainty and constraint often lead, in the aggregate, to homogeneity in structure, culture and output" (DiMaggio/Powell 1983: 147).

Diese Aussage bestimmt die Hauptauffassungen der frühen Schriften zum Neoinstitutionalismus. Es wird die Annahme vertreten, dass es bei Akteuren, die sich im gleichen organisationalen Feld befinden, häufig zu einem Homogenisierungsprozess von Praktiken kommt. Diese Konvergenzthese ist bis heute vorherrschend in Arbeiten, die den Neoinstitutionalismus als erklärende Theorie verwenden. Die neuere Forschung geht allerdings in die Richtung, dass auch Heterogenität, vor allem bei der Neuschaffung eines organisationalen Feldes, zu erkennen ist und nicht nur eine Homogenisierung im Blickfeld steht.[1]

Die Frage, die dahinter steht, ist: Welche Bedingungen in Organisationen tragen dazu bei, dass sich formale rationale Strukturen herausbilden?[2] Frühe Antwort auf diese Frage gab Max Weber, der davon ausging, dass effizienzorientierte Koordiniations- und Steuerungsmechanismen, etwa in einer Bürokratie, aufgebaut würden, um technische Anforderungen und organisationsübergreifende Austauschbeziehungen möglichst wirksam zu managen. Diese rein funktionale Sicht auf die Organisationspraktiken wird von Meyer/Rowan in Frage gestellt. Die Autoren gehen davon aus, dass sich Akteure auf allen Ebenen, also in Staaten, Organisationen und auf der Individualebene, an ihre institutionelle Umwelt anpassen. Kein Akteur kann losgelöst von seiner Umwelt seinen Aktivitäten nachgehen, ohne dass dies durch andere bewertet wird. Deshalb wird sich jeder Akteur an seiner Umwelt ausrichten, um zu sehen, welches Verhalten sozial gewollt und somit legitim erscheint. Er kann dann auf eine positive Reaktion seiner Umwelt vertrauen und wird keinen Sanktionen, keiner Verfolgung durch Strafrechtsbehörden oder gesellschaftlichen Ächtung ausgesetzt sein. Festgeschrieben ist dieses Verhalten in hochlegitimierten rationalisierten Mythen.

---

1 Siehe dazu auch: Greenwood et al. (2008).

2 Als rationale oder rationalisierte formale Strukturen werden vorgegebene Muster von organisationaler Aktivität verstanden. Rational sind diese Muster dann, wenn eine eindeutige Zweck/Mittel-Relation zwischen der formalen Struktur und der Aufgabe der Organisation vorliegt (vgl. Becker-Ritterspach/Becker-Ritterspach 2006b: 103 f.).

> "The beliefs [die rationalen Mythen; Anm. d. Autors] are rational in the sense that they identify specific social purposes and then specify in a rule-like manner what activities are to be carried out (or what types of actors must be employed) to achieve them. However, these beliefs are myths in the sense that they depend for their efficiacy, for their reality, on the fact that they are widely shared, or are promulgated by individuals or groups that have granted the right to determine such matters. We argue that the elaboration of these rules provides a normative climate within which formal organizations are ecpected to flourish" (Scott 1983: 14).

Es kommt also dazu, dass Mythen als Lösungen für allgemein wahrgenommene Probleme angesehen werden. Wenn immer mehr Akteure diesen Mythen entsprechen, kommt es zu einer Institutionalisierung dieser Mythen und deren Praktiken.

Diese Mythen können verschiedener Art sein. Es kann sich um verschiedene Organisationsprinzipien handeln, die in Unternehmen Anwendung finden, um Bildungssysteme, die über Staaten hinweg implementiert werden oder um Vorstellungen zu ökologischen Gesichtspunkten, die Akteure veranlassen, diese strukturell in ihre Praktiken einzubinden. Diese Mythen gelten als rational effektiv und sind gesellschaftlich legitimiert. Auch können diese Mythen Gesetzescharakter haben und werden von Behörden offiziell vorgeschrieben.[3] Doch wie reagieren nun Akteure auf eine von institutionalisierten Mythen durchdrungene Umwelt?

Da sie diesen Mythen entsprechen wollen, kommt es zu isomorphen Prozessen. Die Akteure übernehmen die legitimierten Elemente aus ihrer Umwelt und sichern somit ihr Überleben. Im Zuge dieses Institutionalisierungsprozesses wird die Formalstruktur der Akteure isomorph zu ihrer institutionellen Umwelt. An dieser Stelle muss unterschieden werden zwischen den Alltagsroutinen einer Organisation und ihrer formalen Struktur. Die Isomorphie bezieht sich immer nur auf die formale Struktur und keineswegs auf tagtägliche Aktivität. Akteure werden ähnlich hinsichtlich ihrer nach außen getragenen formalen Struktur, nicht aber notwendigerweise in ihren Arbeitsabläufen oder Alltagsaktivitäten. Es werden strukturelle Vorgaben übernommen, die extern legitimiert sind, keineswegs aber internen Effizienzkriterien entsprechen müssen. Es kann also zu einem Widerspruch kommen von extern legitimierten Praktiken und internen Aufgaben, die eine Organisation zu ihrem eigentlichen Aufgabenfeld zählt. Zum Beispiel können Unternehmen eine Umweltabteilung oder eine Corporate Social Responsibility-Abteilung einrichten, weil das gesellschaftliche Umfeld es fordert, gleichzeitig kann dies aber

---

3 Vgl. dazu auch Meyer/Rowan (1977).

einer Gewinnmaximierung, also dem eigentlichen Ziel des Unternehmens, kurzfristig entgegenstehen bzw. nicht dienlich sein.[4]

Es kann zu zwei Arten von Problemen bei isomorphen Prozessen kommen: 1. wenn die übernommenen Praktiken keine Lösung für die Probleme der Akteure darstellen oder 2. wenn es inkonsistente und zueinander im Wettbewerb stehende Mythen sind, die von einer heterogenen Umwelt kommen. Falls hier von verschiedenen Seiten Druck ausgeübt wird, kann es zu Problemen bei der Anpassung kommen.

Bei ersterem Problem wird der strukturelle Gegensatz zwischen effizienzorientierten Lösungsstrategien von Problemen für Akteure und der isomorphen Ausrichtung der Formalstruktur ins Auge gefasst. Meyer/ Rowan gehen davon aus, dass "Formal structures that celebrates institutionalized myths differ from structures that act efficiently" (Meyer/ Rowan 1977: 355). Die Implementierung von gesellschaftlich angesehenen Regeln und Normen in eine Organisation verursacht zumeist hohe Kosten und nützt erstmal wenig. Infolgedessen sind gesellschaftlich geformte, kategorische Regeln meist sehr generell gestaltet, wogegen die Lösung für ein bestimmtes Problem in einer Organisation in hohem Maße speziell und auf genau dieses Problem zugeschnitten ist, es also wesentlich effizienter löst. Als Beispiel kann der vermehrte Einsatz von externen Beratern in Organisationen angesehen werden, deren Produktivität und Erfolg kaum messbar gemacht werden kann, deren Einsatz aber einem eingeschlagenen Kurs allein schon eine hohe Legitimität verleiht (vgl. Meyer/Rowan 1977: 354 f.).

Bezüglich des zweiten Problems kommt es nach Meyer/Rowan zu einer gleichzeitigen Implementierung von teilweise gegensätzlichen Ansätzen. Da von einem heterogenen Umfeld versucht wird, Druck auszuüben, wird der Akteur auf der Suche nach Legitimität mehrere Ansätze aufnehmen, was intern zu Unsicherheit und inkonsistenten Praktiken führt. Laut Meyer/Rowan gibt es vier Strategien für Organisationen, diesem Problem zu begegnen. Erstens kann den förmlichen Anforderungen aus der Umwelt widerstanden werden, indem man sich nicht darauf einlässt und sie ignoriert. Das Problem hierbei ist jedoch, dass eine effiziente

---

4 Als ergänzenden Punkt will ich hier anführen, dass Organisationen nicht nur gesellschaftlichen Mythen ausgesetzt sind, sondern auch technischen Weiterentwicklungen, die ihre Arbeit beeinflussen. Wenn technische Innovationen in einem bestimmten Gebiet gemacht werden, müssen Unternehmen diese übernehmen, um weiterhin konkurrenzfähig zu sein. Es kann also eine Unterscheidung zwischen einer technischen Umwelt und einer gesellschaftlichen Umwelt gemacht werden, wobei durch beide isomorphe Prozesse innerhalb von Organisationen ausgelöst werden.

Organisation dies nicht nach außen darstellen könnte und ihr bedeutende Ressourcen und Stabilität abgehen würde. Als zweite Möglichkeit der Reaktion wäre ein Auflösen der Beziehungen zur Umwelt zu überlegen. Solch eine Isolationspolitik würde aber zu Problemen bei den Austauschbeziehungen mit externen Partnern führen. Eine dritte und zynische Variante der Reaktion wäre, dass die Organisation anerkennt, dass die Struktur nicht mit den Mythen der Umwelt übereinstimmt. Diese Form der Reaktion würde jedoch zu Legitimitätsproblemen führen und verleugnet die Wichtigkeit von institutionalisierten Mythen für Organisationen. Als vierte und letzte Reaktion kann auf die Zukunft verwiesen werden. Ein Akteur der im Hier und Jetzt nicht mit den Anforderungen übereinstimmt, kann auf eine Umstrukturierung in der Zukunft verweisen und versuchen, sich dadurch temporär nicht anpassen zu müssen. Doch wenn die valide Form in der Zukunft liegt ist die jetzige Form demnach invalide und illegitim (vgl. Meyer/Rowan 1977: 356).

Neben den soeben dargestellten Reaktionen auf eine heterogene Umwelt geht die neuere Forschung nicht von einem auf Homogenität abzielendem Isomorphismus aus, sondern der Fokus wird auf Erklärungen gelegt, die polymorphe Tendenzen aufweisen. Hierbei wird eine Ausdifferenzierung nach Zeit und Raum hinzugezogen. Demnach gibt es dann Unterschiede bei isomorphen Prozessen in Organisationen, wenn diese sich zu unterschiedlichen Zeitpunkten generieren. Falls ein Akteur später in eine institutionelle Umwelt gerät, wird er auch anders darauf reagieren als der Akteur, der schon bei der Herausbildung des organisationalen Feldes integriert war. Weiter kann die geografische Verortung, beispielsweise von tendenziell gleich strukturierten Märkten, zu unterschiedlichen Reaktionen der Organisationen führen, da diese geografisch gebunden sind. Dies führt dann zu polymorphen Tendenzen bzw. „islands of homogenity" (vgl. Boxenbaum/Jonsson 2008: 84).

Wie kann nun auf beide oben beschriebenen Probleme dennoch reagiert werden, ohne dass die Stabilität gefährdet ist, wenn einerseits die von außen oktroyierten Praktiken keine Lösung für Effizienzprobleme darstellen und andererseits inkonsistente und zueinander im Wettbewerb stehende Mythen auf Organisationen einwirken? Als Reaktion auf beide Phänomene kommt es zu einer Entkopplung, wenn auch aus unterschiedlichen Gründen. Als Entkopplung wird der Vorgang bezeichnet, bei dem die formale Struktur nach außen hin an die Umwelt angepasst wird, man sich also legitimiert, die tatsächlichen Vorgänge und Aktivitäten intern jedoch nicht mit den vorgegebenen übereinstimmen. Es wird eine Ebenenunterscheidung zwischen dem „day-to-day-work" und der formalen Struktur gemacht. "Decoupling enables organizations to seek the legitimacy that adaption to rationalized myths provides, while they engage in technical 'business as usual'" (Boxenbaum/Jonsson 2008: 79).

Wenn es zu Konflikten zwischen der Aufgabenumwelt und der institutionellen Umwelt kommt, können Organisationen dies lösen, indem sie Struktur und Aktivität oder auch strukturelle Elemente voneinander entkoppeln. Es kann zum Beispiel zu einem Konflikt zwischen Kostenzielen und Umweltschutzmaßnahmen kommen oder zu Konflikten wegen unterschiedlicher Interessen von Aktionären und Arbeitnehmern. Eine Entkopplung ermöglicht es dem Akteur, gleichzeitig unterschiedlichen Interessen gerecht zu werden. Nach Außen wird der formalen Struktur, die die Institutionenumwelt fordert, Genüge getan, intern jedoch kommt es zu Prozessen, die die Effizienz weiterhin gewährleisten. Es kommt zu einer losen Kopplung zwischen äußerlicher Fassade oder Inszenierung und internen Aktivitäten. Beispielsweise können Arbeitnehmerrechte – wie die Bildung von Betriebsräten – vertraglich verankert sein, jedoch intern soviel Druck auf die Arbeitnehmer ausgeübt werden, dass sie davon absehen sich zu organisieren, da sie Angst haben, ihren Arbeitsplatz zu verlieren. Als weiteres Beispiel kann der Konflikt zwischen Umweltschutzmaßnahmen und Rentabilität angeführt werden. Im Energiesektor bewerben Unternehmen in TV-Spots ihre nachhaltige Ausrichtung. Nicht gesagt wird dabei aber, dass die nachhaltige Gewinnung von Energie[5] im Gesamtunternehmen nur einen verschwindend geringen Anteil an der Unternehmensaktivität hat. Hier ist ganz klar eine Entkopplung von gesellschaftlich geforderter Struktur und internen, tatsächlichen Aktivitäten zu erkennen.

Nachdem nun Isomorphie und die Reaktion von Organisationen auf Umweltanforderungen aufgrund von Legitimitätsstreben herausgearbeitet wurden, soll im Folgenden auf die Mechanismen von Isomorphie eingegangen werden. Welche Quelle haben isomorphe Prozesse und wie kann idealtypisch eine Unterscheidung zwischen verschiedenen Prozessen gemacht werden? Hierfür wird vor allem der klassische Beitrag von DiMaggio/Powell (1983) herangezogen, dessen begriffliche Differenzierung von unterschiedlichen Isomorphiemechanismen grundlegend im Neoinstitutionalismus verankert ist.

---

5 Als nachhaltige Energiegewinnung soll diejenige Energiegewinnung bezeichnet werden, die keine endlichen Ressourcen wie Kohle, Öl oder Gas verbraucht.

## 3.3 Mechanismen der Isomorphie

Die Ausgangsfrage ist, wie in einer Population am besten auf Umweltanforderungen reagiert werden kann, um sich erstens am besten anzupassen und zu überleben, und um zweitens möglichst effiziente Problemlösungsstrategien zu entwickeln, um sich vor Wettbewerbern einen Vorteil zu verschaffen. Entsprechend kann zwischen unterschiedlichen Hier muss nach verschiedenen Zeitpunkten unterschieden werden. Zu Anfang werden organisationale Innovationen getätigt, die einen Vorteil bezüglich aufgabenbezogener Effizienzerwägungen ermöglichen. Der Erste am Markt hat mit einer gewissen Technik einen Vorsprung vor anderen. Aus dieser Überlegung heraus kann etwa die Herausbildung der Bürokratie nach Weber und der damit verbundene Vorteil für die Gesellschaften, die dies implementierten, erklärt werden. Es werden somit mittel- und langfristig suboptimale Strukturen aus einer Population herausgefiltert. Was Herbert Spencer in der Evolutionstheorie als „survival of the fittest" bezeichnete, kann also auch auf die Weiterentwicklung von Organisationen angewendet werden. Dieser kompetitive Isomorphismus zeigt sich vor allem in Frühstadien von organisationaler Innovation und wird innerhalb eines freien Wettbewerbs getätigt.

Wenn sich allerdings diese Innovation zu einem späteren Zeitpunkt als erfolgreich herausgestellt hat, werden andere Akteure sie adaptieren und sich selbst zu eigen machen. Konzepte werden kopiert, die durch unterschiedliche Kanäle diffundieren.[6] Folgt man nun der Annahme, dass Akteure nicht rein rational handeln und Effizienzkriterien folgen, son-

---

6 Während bei Meyer/Rowan (1977) noch eine sehr vereinfachte Form der Übernahme von Ideen, der Herausbildung von Mythen und deren Diffusion in einer Gesellschaft oder einem Kulturkreis beschrieben wird, zeigt neuere Forschung, dass der Prozess der Ideen- und Mythenbildung und deren Ausbreitung wesentlich komplexer ist. Zirkulierende Ideen verändern die Identität von Organisationen und führen zu einer Veränderung von Feldern und Institutionen. Aber schon bei der Weitergabe von Mythen und Ideen kommt es zu deren Übersetzung, die der Rezipient vornimmt und sich somit nicht nur an seine Umwelt angleicht, sondern auch seine Umwelt an sich. Prozesse und Strukturen werden bis zu einem gewissen Grad „passend gemacht", ähnlich dem Begriff des „reverse engineering", der die technische Entwicklung Japans vor den 1980er Jahren kennzeichnete. Hier wurden schon vorhandene technische Standards in der heimischen Wirtschaft eingeführt, aber gleichzeitig so verändert und ergänzt, dass sie auch angewendet werden konnten und effizient waren. Der Prozess der Übernahme von gesellschaftlich legitimierten Mustern ist durch eine Wechselbeziehung zwischen Produzenten von Mustern und dem Rezipienten geprägt, die sich durch eine Übersetzung, eine Verarbeitung und die Imitation auszeichnet (vgl. Sahlin/Wedlin 2008, Lundvall 2002, Freeman 1987).

dern auch nach Macht, politischem Einfluss und gesellschaftlicher Legitimität streben, muss dem Konzept des kompetitiven Isomorphismus ein weiteres hinzugefügt werden.

DiMaggio/Powell unterscheiden deshalb den kompetitiven Isomorphismus vom institutionellen Isomorphismus. Hier wird eine differenzierte Betrachtung der isomorphie-erzeugenden Mechanismen gemacht. Sie unterscheiden zwischen der zwanghaften Isomorphie, der Isomorphie durch Imitation und der Isomorphie, die durch normativen Druck erzeugt wird.

### 3.3.1 Isomorphie durch Zwang

Die Haupttriebkraft hierbei ist eine autoritäre Beziehung zwischen Akteuren. Eine Isomorphie durch Zwang kann entweder formell oder informell sein, beide Formen können sich auch mischen. Weiter können diese Zwänge selbst auferlegt sein oder externen Charakter haben. Externe Einflussnahme erfolgt zu einem großen Teil vom Staat, der durch Gesetzgebung Akteure zu Handlungen zwingt, da ansonsten Sanktionsmechanismen greifen. Der Staat schafft durch eine allgemeine Gesetzgebung eine Umwelt, in der sich Organisationen bewegen und deren Regeln sie übernehmen müssen, falls sie legitim agieren wollen. Ebenso werden im Bereich der Wirtschaft direkte Produkt- und Prozessstandards vorgegeben, die eingehalten werden müssen, und die Behandlung von Arbeitnehmern wird kontraktuell zwischen Arbeitnehmer und Arbeitgeber vereinbart, wobei wichtige Inhalte schon gesetzlich vorgegeben sind. Zur Informierung relevanter Stakeholder müssen Unternehmen ihre Bilanzen offenlegen und jährliche Geschäftsberichte herausgeben. Im Bildungssystem werden bestimmte Bildungsinhalte, die vermittelt werden müssen, vom Staat ausgearbeitet, und die Schulen und Universitäten sind verpflichtet, diese zu vermitteln. Im Bereich des Umweltschutzes werden Auflagen über die $CO_2$-Emmissionen bei Fahrzeugflotten auf EU-Ebene ausgearbeitet und müssen von den nationalen Parlamenten in geltendes Recht umgesetzt werden.

Weiter kann der Druck auch aus einem Abhängigkeitsverhältnis entstehen, wenn beispielsweise ein Zulieferbetrieb bestimmte Standards oder Prozesse einführen muss, da ansonsten Sanktionen vom Abnehmer drohen. Auch können Zwänge informell von der Gesellschaft ausgeübt werden, die eine Erwartungshaltung vermittelt und so die Handlungen von Akteuren determiniert. Im Ergebnis kommt es zu isomorphen Prozessen im Sinne einer Abhängigkeitsbeziehung, die dazu führt, dass Organisationen auf diese Zwänge gleichgerichtet reagieren (vgl. DiMaggio/Powell 1983: 150 f.).

### 3.3.2 Isomorphie durch Imitation

Ein weiterer Mechanismus, der zur Homogenisierung von Praktiken führt, ist der der Imitation. Auslöser ist eine wahrgenommene Unsicherheit in Bezug auf eigene Prozesse und Ziele. Auch wenn von einer heterogenen Umwelt unterschiedliche Anforderungen an Organisationen gestellt werden, kommt es zu Unsicherheit. Falls im Umfeld ein Akteur oder eine Organisation mit einem Modell Erfolg hat und somit in hohem Maße als legitim in seinen Handlungen gesehen wird, kommt es zur Übernahme von dessen Praktiken und Prozessen.

Neue technische Standards, Trends oder Vorschriften führen zu neuen Herausforderungen für Akteure. Jeder ist auf der Suche nach der besten Lösung für diese neu auftretenden Probleme. Wenn eine Organisation eine Lösung gefunden hat, wird diese kopiert. Diese Übernahme von Praktiken muss der Organisation, deren Praktiken als Blaupause für andere dienen, gar nicht bewusst sein. Mitarbeiter können bei einem Arbeitgeberwechsel neue und effiziente Formen von Arbeitsabläufen transferieren. Modetrends oder technische Weiterentwicklungen diffundieren bei Erfolg am Markt durch Imitation. Unternehmensberater reisen durch die Welt und verbreiten Organisationsmodelle, die unhinterfragt übernommen werden – auch wenn ihre tatsächliche Wirksamkeit empirisch oft nicht nachweisbar ist. "At the organizational Level, admired firms put themselves forward as models, and whole sets of consulting firms and business school academics make a business out of aiding in the diffusion" (Meyer 2000: 242).

Diese Form der Ideenverbreitung kann nicht nur in der Ökonomie, sondern auch im politischen Rahmen beobachtet werden. Die Verbreitung der Demokratie als moralisch beste und damit hochgradig legitimierte Form der Gesellschaftsverwaltung kann auch auf eine Imitation von Vorbildern zurückgeführt werden, auch wenn dieses Modell bei einer Implementierung in anderen Kulturkreisen nicht immer von Erfolg gekrönt war. Organisationen kopieren sozusagen andere Organisationen und es kommt zu einer Konvergenz von Strukturen innerhalb eines gemeinsamen Umfeldes (vgl. Meyer 2000: 151 f.).

### 3.3.3 Isomorphie durch normativen Druck

> "Normative pressures pertain to what is widely considered a proper course of action, or even a moral duty, such as when there are signals from the organizational environment that the adoption of a particular practice or structure is a moral choice" (Boxenbaum/Jonsson 2008: 80).

Der normative Druck, der auf Organisationen wirkt, stammt zu einem großen Teil von Professionalisierung. Unter Professionalisierung wird

> "[...] the collective struggle of members of an occupation to define the conditions and methods of their work, to control 'the production of producers', and to establish a cognitive base and legitimation for their occupational autonomy" verstanden (DiMaggio/Powell 1983: 152).

Durch die Definition des „Richtigen" erfolgt eine normative Bindung von Verhalten an das gemeinsam Festgelegte. Normen, Richtlinien und Prozeduren von einer richtigen Organisation, einer richtigen Ausbildung, einer richtigen Erziehung oder einfach des richtigen Arbeitens werden festgelegt (vgl. Becker-Ritterspach/Becker-Ritterspach 2006a: 110).

Professionalisierung wird zum einen dadurch bestimmt, dass ganze Berufsgruppen Universitäten durchlaufen, deren Lehrpläne wiederum auf externen, formalisierten Anforderungsprofilen beruhen und dadurch strukturierend bis hin zu Homogenisierung wirken. Zum anderen handelt man innerhalb von transnationalen Netzwerken, die Berufsgruppen ausbilden und über die bestimmte Vorzeigemodelle diffundieren. DiMaggio/Powell argumentieren, dass deshalb Top-Manager bezüglich ihres Karriereweges und somit ihrer intrinsisch verankerten Normen kaum noch zu unterscheiden sind. Dies ist darauf zurückzuführen, dass ein Filtersystem existiert, welches genau festlegt, wer mit welcher Ausbildung zugelassen ist für Führungspositionen. Nur wer bestimmte Institutionen durchlaufen hat, kann an die Spitze eines Unternehmens oder einer Organisation geraten, und somit sind die Lebensverläufe von vielen Personen in solchen Positionen sehr ähnlich. Es werden Normen innerhalb von Berufsgruppen über einen längeren Zeitraum ausgebildet und es erfolgt eine Diffusion dieser Normen innerhalb von Nationalstaaten, aber auch über ihre Grenzen hinweg.

In den vorangegangenen Ausführungen wurden die Begriffe Akteur und Organisation synonym verwendet. Das Konzept des Neo-Institutionalismus begreift den Akteur als in einer kulturell-kognitiven Umwelt eingebettet, von der er sich zum einen in hohem Maße beeinflusst sieht, sich aber zum anderen auch abgrenzen muss, um sich selbst zu konturieren. Dies trifft auf beide Akteure – den Akteur als Individuum und den Akteur als Organisation – zu. Auch ein Nationalstaat kann als Akteur in diesem Sinne aufgefasst und konzeptionell untersucht werden. Entsprechend ergibt sich lediglich eine Ebenenunterscheidung zwischen verschiedenen Formen von Akteursgruppen: auf der Mikroebene den Akteur als Individuum, auf der Mesoebene den Akteur als eine Organisation, sei es eine Profit- oder Non-profit-Organisation, und auf der Makroebene den Nationalstaat. Die Mechanismen und Prozesse, die idealtypisch ausformuliert wurden, sind auf allen Ebenen dieselben. Es wirken unterschiedliche isomorphe Mechanismen sowohl auf Individuen, die innerhalb einer Gruppe verschiedenen Zwängen und Normen unterliegen, als auch auf Nationalstaaten, die innerhalb einer Gemeinschaft auf weltgesellschaftlicher Ebene operieren und den gleichen Mechanismen unterliegen, nur auf einer anderen Ebene. „Aus dieser Perspektive sieht man Individuen als zutiefst verstrickt in nationale, weltwirtschaftliche und -politische Zusammenhänge, man sieht Organisationen zugleich als begrenzt und gestärkt durch weltweite Gelegenheiten, Wettbewerbssituationen und Legitimationsmuster. Und Nationalstaaten werden mehr und mehr als eingebettet in globale, wirtschaftliche und kulturelle Systeme verstanden (zum Beispiel im Hinblick auf Menschenrechte, Umweltbewegungen oder Bewegungen, die sich die Restrukturierung des Wirtschaftslebens zum Ziel gesetzt haben)" (Meyer 2005: 7).

Alle Akteure sind in einer institutionellen Umwelt verankert die strukturierend wirkt. So können Nationalstaaten als eigentlich unabhängige Akteure aufgrund von auf weltgesellschaftlicher Ebene hochlegitimierten Mythen beispielsweise dazu gedrängt werden, bestimmte Umweltschutzauflagen oder Menschenrechte zu erfüllen, da sie ansonsten durch die Staatengemeinschaft sanktioniert würden. Das gleiche kann auf der Mikroebene mit Personen geschehen, die aufgrund externen Drucks Normen in ihr Verhalten integrieren, obwohl sie aus sich selbst heraus dies in dem Maße nicht getan hätten. Und auch für die Meso-Ebene, auf der Organisationen operieren, gilt dies.

Das folgende Kapitel widmet sich organisationalen Feldern. Die Ebene ist hierbei die Meso-Ebene, da Organisationen vertikal zwischen Individuum und Nationalstaat stehen. Diese Analyseeinheit ermöglicht es, ein Set von Organisationen, die sich im selben Feld bewegen, komparativ hinsichtlich verschiedener Variablen zu untersuchen.

## 3.4 Organisationale Felder

Nachdem nun die vielfältigen Mechanismen herausgearbeitet wurden, wird sich nun einer Frage zugewandt, die entscheidend für das Verständnis von organisationalem Verhalten ist. Wie kann eine Verbindung zwischen der Gesellschaft als einem kulturell und normativ aufgeladenem Raum und den darin sich befindenden Organisationen hergestellt werden? Wie können Organisationen als Einheiten analysiert werden, wenn sie nicht als rationale Akteure, die reinen Effizienzerwägungen folgen, gesehen werden? Wie, wenn sie also nicht als willkürlich isolierte organisationale Formen begriffen werden, die gleich Atomen im gesellschaftlichen Raum herumschwirren und nur aus rationalen und ökonomischen Beweggründen mit ihrer Umwelt interagieren? Hier stellt das Konzept des organisationalen Feldes, welches Organisationen als eingebettet in eine gesellschaftliche Umwelt mit vielfältigen Interdependenzen ansieht, eine Möglichkeit dar (vgl. Scott 1994, Scott/Meyer 1991, Wooten/Hoffman 2008).

Bei der Untersuchung von organisationalen Feldern geht es um die Mechanismen, die innerhalb eines spezifischen Raumes zwischen ähnlichen oder auf andere Weise voneinander abhängigen und miteinander interagierenden Organisationen ablaufen, wobei vor dem Hintergrund eines kulturell-kognitiven Systems agiert wird.

Organisationen werden von Büschges wie folgt definiert: „Als von bestimmten Personen gegründetes, zur Verwirklichung spezifischer Zwecke planmäßig geschaffenes, hierarchisch verfasstes, mit Ressourcen ausgestattetes, relativ dauerhaftes und strukturiertes Aggregat (Kollektiv) arbeitsteilig interagierender Personen, das über wenigstens ein Entscheidungs- und Kontrollzentrum verfügt, welches die zur Erreichung des Organisationszweckes notwendige Kooperation zwischen Akteuren steuert, und dem als Aggregat (svw. Körperschaft, juristische Person) Aktivitäten oder wenigstens deren Resultate zugerechnet werden können" (Büschges in Endruweit 2002: 392).

Unter einem Feld soll im Folgenden nicht ein geographisch abgegrenzter Raum, sondern ein dynamisches Ganzes, in dem jede noch so kleine Veränderung zu einer Umgliederung des gesamten Feldes führen kann, verstanden werden. Es ist also eine wechselseitige Interdependenz der Akteure innerhalb eines Feldes auszumachen, wobei die Akteure Organisationen sind.

### 3.4.1 Genese des organisationalen Feld-Begriffes

Der Neo-Institutionalismus hat seinen Feldbegriff vor allem in Anlehnung an bzw. Abgrenzung zu drei Theoriemodellen modelliert. Dem Konstrukt der organisationalen Set-Modelle, eines populationsökologischen Modells, und organisationalen Feld- bzw. Netzmodellen.

Organisationale Set-Modelle gehen auf die Schriften von Blau und Scott sowie Evan zurück. Eine Organisation ist durch einen Informations- und Ressourcenfluss mit anderen Organisationen verbunden. Durch den Wert einer Information oder durch die Knappheit von Ressourcen ergibt sich ein Macht- und Abhängigkeitsverhältnis zwischen diesen. Der Blick geht von einer Fokalorganisation aus, die in einer wechselseitigen Abhängigkeit mit anderen steht. Dies können Zulieferer, Kunden oder Wettbewerber sein. Diese direkten Verbindungen zwischen den Akteuren stehen im Fokus der Analyse. Als Kritik kann angebracht werden, dass es hier eben nur um direkte Verbindungen geht, die sichtbar gemacht werden. Indirekte Einflussnahme wird nicht berücksichtigt. Die Diffusion von Ideen oder Modellen kann hier nur in geringem Maße erfasst werden. Auch dass als Perspektive eine einzige Einheit eines Feldes herausgenommen wird, von der ausgehend alles andere erklärt wird, kann als Unzulänglichkeit aufgefasst werden (vgl. Scott/Meyer 1991: 109).

Bei populationsökologischen Modellen wird der Fokus auf Organisationen gelegt, die sich hinsichtlich ihrer Form oder ihrer Funktion gleichen. Es werden Populationen herausgegriffen, die ähnliche strukturelle Merkmale aufweisen, gleiche Arbeitsabläufe haben oder ähnlich auf Umweltanforderungen reagieren. Der Hauptmechanismus für Wandel ist die Selektion: Weniger erfolgreiche Modelle werden vom Markt verdrängt und andere nehmen die frei werdenden Plätze ein. Der Neo-Insitutionalismus grenzt sich von diesem Modell ab, indem er auch unähnliche Organisationen in die Untersuchung miteinbezieht. Dies meint, dass auch regulierende Organisationen wie ein Staat oder eine unterstützende Organisation wie eine Stiftung für den Kunstmarkt miteinbezogen werden (vgl. Scott/Meyer 1991: 109 f.).

In interorganisationalen Feld- bzw. Netzwerktheorien wird das Hauptaugenmerk auf die Beziehungen zwischen ähnlichen oder unähnlichen Organisationen gelegt. Meist wird dies in einem geographisch abgegrenzten Raum untersucht. Wichtig sind dabei horizontale Verflechtungen. Als Untersuchungsgegenstand kann also ein städtischer Raum, eine Gemeinde oder ein Industriegebiet gelten. Der Neo-Institutionalismus übernimmt hiervon, dass ähnliche, aber auch nichtähnliche Organisationen Gegenstand der Untersuchung sein können, sowie auch wichtige horizontale Verflechtungen. Auf der anderen Seite spielt die geographische Abgrenzung im Neo-Insitutionalismus keine Rolle (vgl. Meyer/Scott 1991: 110, Becker-Ritterspach/Becker-Ritterspach 2006a: 119 f.).

Alle drei Modelle haben zu dem Begriff des organisationalen Feldes im Neo-Institutionalismus ihren Beitrag geleistet, wobei der Neo-Institutionalismus über alle drei Modelle hinausgeht. Er schließt den Informations- und Ressourcenfluss und das interdependente Verhältnis von Organisationen in organisationalen Set-Modellen ebenso mit ein wie die Fokussierung auf Organisationen, die ähnliche strukturelle Merkmale aufweisen (wie bei populationsökologischen Modellen), und die horizontalen Verflechtungen, auf die bei interorganisationalen Feld- und Netzwerktheorien eingegangen wird. Gleichzeitig verbindet er diese Charakteristiken und erweitert den Blickwinkel, da er nicht an geographische Grenzen gebunden ist und auch unähnliche Organisationen, die in Verbindung mit der Fokalorganisation stehen, integriert.

### 3.4.2 Definition von organisationalen Feldern

Der Begriff des organisationalen Feldes im Neo-Institutionalismus ist in hohem Maße durch die Arbeit von DiMaggio/Powell (1983) geprägt. Sie schließen die Gesamtheit der relevanten Akteure in ihre Definition von organisationalen Feldern mit ein – auch diejenigen, die nicht in direktem Kontakt miteinander stehen. "By organizational fields, we mean those organizations that, in the aggregate, constitute a recognized area of institutional life: key suppliers, resource and product consumers, regulatory agencies, and other organizations that produce similar services or products" (DiMaggio/Powell 1983: 148).

Weiter muss ein Feld institutionell definiert sein, um als solches untersucht werden zu können. Es ist durch vier Aspekte gekennzeichnet:

1. Zunahme der Interaktion zwischen Organisationen in einem Feld.
2. Entstehung von eindeutig definierten interorganisationalen Mustern von Herrschaft und Koalitionen.
3. Zunahme des Informationsaufkommens, mit dem Organisationen umgehen müssen.
4. Entwicklung gegenseitiger Wahrnehmung innerhalb eines organisationalen Feldes, sodass alle relevanten Akteure an einem Gesamtprozess beteiligt sind (vgl. DiMaggio/Powell 1983: 148).

Zentral bei dieser Konzeption ist, dass sich in einem Feld, welches sich herausbildet, durch die enge Verknüpfung aller beteiligten Organisationen bestimmte kognitive Vorlagen herausbilden. Durch Wettbewerb, die Professionen und den Staat als regulative Instanz werden sich die Organisationen immer ähnlicher. Bestimmte Vorlagen müssen oder werden aufgrund von Unsicherheit von anderen Organisationen übernommen. Es kommt zu isomorphen Prozessen innerhalb des Feldes.

### Der gesellschaftliche Sektor

Neben dem von DiMaggio/Powell vorgeschlagenen Begriff arbeiten Scott/Meyer (1991) den Begriff des gesellschaftlichen Sektors heraus. Er ähnelt in vielen Bereichen dem des organisationalen Feldes.

> "A *societal sector* is defined as (1) a collection of organizations operating in the same domain, as identified by the similarity of their services, products or functions, (2) together with those organizations that critically influence the performance of the focal organizations: for example, major suppliers and customers, owners and regulators, funding sources and competitors. The adjective *societal* emphasizes that organizational sectors in modern societies are likely to stretch from local to national or even international actors. The boundaries of societal sectors are defined in functional, not geographical terms: sectors are comprised of units that are functionally interrelated even though they are geographically remote" (Scott/Meyer 1991: 117).

Auch dieses Modell geht über die früheren Umweltmodelle (Organisationale Set-Modelle, Populationsökologische Modelle, Interorganisationale Netzwerkmodelle) hinaus. Scott/Meyer stellen fünf Unterschiede heraus:

1. Die Aufmerksamkeit wird nicht nur auf die Beziehungen zwischen bestimmten Organisationen gerichtet, sondern auch auf eine umfassendere Struktur von Beziehungen, in der sich die Organisationen bewegen.
2. Verbindungen zwischen ähnlichen, aber auch nicht-ähnlichen Organisationen sind gleich wichtig.
3. Es werden sowohl horizontale als auch vertikale Beziehungen untersucht.
4. Lokale wie auch nicht-lokale Beziehungen gehen in die Untersuchung mit ein.
5. Technische wie auch institutionelle Aspekte von Organisationen und Umwelt werden als wichtig erachtet (vgl. Scott/Meyer 1991: 111).

Auch wenn sich die beiden Begriffe – der gesellschaftliche Sektor und das organisationale Feld – sehr ähnlich sind, beschreiben Scott/Meyer ihren Begriff wesentlich expliziter. Dies wird vor allem bei der räumlichen Ausdehnung erkennbar, da Scott/Meyer sowohl die lokale, die nationale als auch die internationale Ebene als mögliche Ausdehnungskategorien benennen.

Weiter identifizieren sie bestimmte Charakteristiken von gesellschaftlichen Sektoren. So ist zwischen technischen und institutionellen Sektoren zu unterscheiden, wobei technische Sektoren vor allem Effizienzanforderungen der Aufgabenumwelt erfüllen müssen, institutionelle Sektoren eher gesellschaftliche Regeln und Anforderungen. Auch lassen sich Sektoren hinsichtlich ihrer Komplexität unterscheiden. Während manche Sektoren ausschließlich auf lokaler Ebene zu verorten sind, gibt es übergreifende Sektoren wie etwa das öffentliche Schulsystem in den USA, welches sich vertikal über verschiedene Ebenen – die bundesstaatliche, die regionale und die lokale Ebene – erstreckt. Es lässt sich auch eine Ausdifferenzierung der Entscheidungsinhalte und Entscheidungsbefugnisse ausmachen. So können Entscheidungsinhalte nach programmatischen, finanzbezogenen und instrumentellen Aspekten unterschieden werden. Weiter können Entscheidungsbefugnisse entweder zentralisiert oder dezentralisiert, vereinheitlicht oder fragmentiert sowie konzentriert oder föderal sein. Als letzten Unterscheidungspunkt führen Scott/Meyer verschiedene Kontrollformen an, mit deren Hilfe höher angesiedelte Organe Macht und Kontrolle ausüben. Erstens die strukturelle Kontrolle, zweitens die Prozesskontrolle und drittens die Ergebniskontrolle. Mittels der drei Kontrollarten werden organisationale Merkmale, die Einhaltung von Regeln und Standards und die Ergebnisse kontrolliert und somit Macht ausgeübt. (vgl. Scott/Meyer 1991: 120 ff.).

Hinsichtlich der ausdifferenzierten Betrachtungsweise von gesellschaftlichen Sektoren geht dieser Begriff über den von DiMaggio/Powell vorgeschlagenen hinaus. In der vorliegenden Arbeit wird vor allem der transnationale Charakter des gesellschaftlichen Sektors unterstrichen. Das zu untersuchende Phänomen, der SRI-Markt, ist eben nicht nur auf lokaler oder globaler Ebene, sondern ebenso transnational zu verorten. Eine Synthese dieser beiden Begriffe, des organisationalen Feldes und des gesellschaftlichen Sektors, sowie deren Weiterentwicklung führt Scott in seinem Artikel von 1994 ein.

### 3.4.3 Organisationale Felder nach Scott

Für Scott gilt der Begriff des organisationalen Feldes als Brückenschlag zwischen der Analyse von Einzelorganisationen und der gesellschaftlichen Umwelt. "Organizational fields provide an important intermediate unit connecting the study of individual organizational structure and functioning on the one hand and societal level processes on the other" (Scott 1994: 207).

Es wird der schon von ihm mitentwickelte Begriff des gesellschaftlichen Sektors weitergeführt, indem er die Elemente aus seiner Arbeit mit Meyer übernimmt, den Hintergrund, vor dem sich eine Analyse abspielen muss, jedoch stärker betont. Der Hintergrund hierbei ist ein gemeinsames kulturell-kognitives System, welches in einem Feld vorherrschend ist.

> "Organizational fields are made up of both cultural and behavioral elements. The former refers to the meaning systems and symbolic frameworks that define and give coherence to a set of behaviors, together with the constitutive rules that specify appropriate forms of conduct: the rules of the game" (Scott 1994: 207).

Es wird mehr Wert auf kognitive Komponenten gelegt, welche die Regeln konstruieren, nach denen Identitäten gebildet, Situationslogiken definiert und allgemeine Handlungsanweisungen entworfen werden. Um Felder zu unterscheiden, verweist Scott auf drei Aspekte: 1. auf den Geltungsbereich von Glaubenssystemen, 2. die Natur des Herrschafts- und Governancesystems und 3. auf den Strukturierungsgrad des Feldes.

Zu 1.: Felder werden zu einem entscheidenden Grad durch ein kulturelles Glaubenssystem definiert. Für die Akteure gelten die Felder als Orientierung und als Handlungsanweisung. Als Quelle gelten hier die Professionalisierung, der Staat als regulierende Instanz und auch mächtige und global agierende Organisationen.

Zu 2.: Hier wird unterschieden zwischen einem Governancesystem, welches als staatliche Autorität strukturierend in einem Feld wirkt, und einem Governancesystem, welches innerhalb eines Feldes interne Angelegenheiten regelt. Der Staat soll nach Scott nicht unterschätzt werden, da er neben einer formalen Strukturierung auch als kultureller Komplex gesehen werden muss.

Zu 3.: Der Strukturierungsgrad eines Feldes als letzter Punkt ist in dem Sinne wichtig, dass ein organisationales Feld von folgenden Indikatoren abgegrenzt wird: eine Zunahme der wechselseitigen Wahrnehmung unter den Teilnehmern, die in gleichen oder in Beziehung stehenden Aktivitäten involviert sind, eine Übereinkunft über die institutionellen Logiken, eine erhöhte Interaktionsdichte innerhalb des Feldes, ein auszumachender Isomorphismus der Strukturen der Organisationen, eine Strukturgleichheit zwischen organisationalen Sets im Feld, eine immer klarere Abgrenzung nach außen und eine klare Herausbildung von Statusordnungen (vgl. Scott 1994: 208 ff.).

Die Stärken des Feldbegriffs in der Organisationssoziologie gegenüber vorangegangenen Begriffen sind einleuchtend. Beim Verständnis einer Fokalorganisation wird die Organisationsumwelt mit in die Analyse einbezogen. Sie wird nicht nur als passiver oder abstrakter Einflussraum gesehen, sondern spielt eine aktive Rolle, die zum Verständnis des Organisationsverhaltens wesentlich beiträgt. Der Akteur wird in seiner gesamten Interdependenz mit seiner Umwelt, mit Wettbewerbern und staatlichen Organisationen gesehen. Somit können in einem organisationalen Feld als Analyseebene Organisationen umfassender erfasst werden.

Es können auch ganze Felder als Analyseeinheit herausgearbeitet werden. Organisationen werden in ihren gesamten komplexen Wechselbeziehungen mit allen anderen Akteuren erfasst, mit denen sie in direkter oder indirekter Verbindung stehen, oder von denen sie direkt oder indirekt beeinflusst werden. Somit kann ein Bild eines Feldes gezeichnet werden, dass strukturelle Merkmale vor allem auf der kulturell-kognitiven Ebene aufzeigt und weit über einen simplen Populations- oder Industriebegriff hinausgeht.

Als Kritik am Begriff des organisationalen Feldes wurde ab Ende der 1990er Jahre die statische Veranlagung gesehen. Das Ziel der meisten Arbeiten war, herauszufinden, ob es zu isomorphen Prozessen innerhalb eines Feldes kommt und wie sie sich beschreiben lassen. Welche Mechanismen tragen dazu bei? Mimetischer, zwanghafter oder normativer Isomorphismus?

> "Throughout this early stream of research, the overarching emphasis on similarity remained a constant. The organizational field was conceived as predominantly static in its configuration, unitary in its makeup and formed around common technologies, industries, or discrete network ties" (Wooten/Hoffman 2008: 133).

Neuere Forschung hingegen geht in Richtung eines institutionellen Wandels. Wie lässt sich Veränderung im Neo-Institutionalismus beschreiben? Was sind die Quellen und Triebkräfte für institutionellen Wandel? Was sagt dies über die Faktoren aus, wie Organisationen auf Veränderung in der Umwelt reagieren? Welche Rolle spielt Agentschaft in einem organisationalen Feld? Was kann über De-Institutionalisierung, also die Vergänglichkeit von Institutionen gesagt werden und welchen Einfluss hat dies auf Organisationen? (vgl. Dacin/Goodstein/Scott 2002: 45) Kurz gesagt: wie kann Vielfalt, also Heterogenität, in einem Feld erklärt werden?

Es gibt verschiedene Versuche, dies auf theoretischer Ebene zu erklären. So können Organisationen strategische Antworten auf externen Druck entwickeln. Die Fragen, die sich hier stellen, sind: Von welchem externen Akteur wird Druck ausgeübt? Wie groß ist die eigene Abhängigkeit von diesem Akteur? Welche Inhalte betrifft dies? Durch welche Mittel wird der Druck ausgeübt? Wenn jede Organisation diese Fragen analysiert, wird man von Organisation zu Organisation zu verschiedenen Ergebnissen kommen. Somit kann auf Druck von einer externen Umwelt unterschiedlich reagiert werden und es kommt nicht zu einer zwangsläufigen Konvergenz im Handeln.

Wenn ein Feld als eine Arena betrachtet wird, in der Kämpfe und Streit über Verteilung von Ressourcen ausgefochten werden, so wird es Gewinner und Verlierer geben. Es können also bestimmte Praktiken im Kampf um Legitimität, wie auf Umweltanforderungen reagiert wird, unterliegen. Es kommt zu einem Aussterben von Praktiken und Organisationen und zu einem inkrementellen Wandel.

Auch können Felder als miteinander verbunden angesehen werden: Organisationen haben beispielsweise auf unterschiedlichen Ebenen auf unterschiedliche Anforderungen von verschiedenen organisationalen Feldern zu reagieren. Um den verschiedenen Anforderungen gerecht zu werden, werden Strategien entwickelt, die wiederum das Feld verändern (vgl. Wooten/Hoffman 2008: 135).

Diese neueren theoretischen Beiträge legen den Fokus nicht mehr auf den Outcome von organisationalen Feldern. Nicht mehr die Konvergenzthese und eine zunehmende Homogenisierung von organisationalen Feldern sind im Blickfeld, sondern die Auffassung, dass es um das Verständnis von Mechanismen geht, die innerhalb eines Feldes stattfinden. Wie entwickeln sich Organisationen darin, wer trägt zur Entwicklung bei und wie ist organisationaler Wandel zu erklären?

> "To move away from the current focus on field outcomes and towards an understanding of why field-level interactions remain vital to organizations, fields must be seen, not as containers for the community of organizations, but instead as *relational spaces* that provide an organization with the opportunity to involve itself with other actors" (Wooten 2006, In: Wooten 2008: 138).

Im Folgenden wird eine kurze Zusammenfassung des bisher Herausgearbeiteten gegeben und auf die in der vorliegenden Arbeit als Werkzeug dienenden theoretischen Fragestellungen eingegangen.

## 3.5 Zusammenfassung - Erfassungsmangel I

Institutionen dienen als handlungsanleitende, gesellschaftsstrukturierende Entitäten. Sie schaffen Sicherheit in einer durch Unsicherheit geprägten Umwelt, indem sie Handlungen anderer Akteure berechenbar machen und somit Komplexität reduzieren. Sie strukturieren zwischenmenschliche Beziehungen, indem sie erwünschtes von unerwünschtem Verhalten unterscheiden und letzteres entsprechend sanktionieren. Sie geben Akteuren auf der einen Seite eine Freiheit, da ein Zusammenleben erst ermöglicht wird, auf der anderen Seite beschränken sie diese auch wieder, indem Druck ausgeübt wird. Institutionen können zweckdienlich sein, als soziale Normen wahrgenommen werden oder als gegeben angesehen werden. Daraus ergeben sich für jede Art von Institution eigene Mechanismen der Durchsetzung.

Der Akteur wird im Neo-Institutionalismus als eingebettet in seine Umwelt verstanden. Mächtige hochlegitimierte Mythen konstituieren kulturell-kognitive Schemata und Skripte, nach denen der Akteur handelt, will er als legitim in seinen Interessen und Handlungen wahrgenommen werden. Die Mythen, die als Handlungsanweisung gelten, werden von Professionen und objektiven Anderen ausgearbeitet und transportiert. Aufgrund der wahrgenommenen Interessenlosigkeit dieser objektiven Anderen gelten die Mythen als hochgradig legitimiert. Die moderne Gesellschaft ist also kulturell inszeniert, und aufgrund einer intersubjektiven Übereinkunft über Institutionen wirkt sie in hohem Maße strukturierend. Die Mechanismen, die dabei eine Rolle spielen, sind zwanghafte, mimetische und normative Mechanismen. Diese Idealtypen beeinflussen die formale Struktur von Akteuren, auch wenn diese den Effizienzanforderungen nicht genügen. Entkopplungserscheinungen treten dann auf, wenn interne Effizienzanforderungen nicht mit den Umweltanforderungen übereinstimmen, beide aber implementiert werden. Es kommt zu isomorphen Prozessen auf der formalen Ebene.

Um den Akteur als eingebettet in eine Umwelt analysieren zu können, wurde das Konzept des organisationalen Feldes entwickelt. Aufbauend auf populationsökologischen Modellen, Set-Modellen und organisationalen Netzwerkmodellen wird hier die Brücke zwischen Umwelt und Akteur geschlagen. Es können sowohl ganze interdependente Felder als auch Organisationen innerhalb eines Feldes untersucht werden, und dies in einer Weise, die umfassender ist als es bislang möglich war. Folgt man nun den institutionellen Mechanismen, kommt es in einem organisationalen Feld zwangsläufig zu einer Konvergenz der Praktiken und einer Homogenisierung unter einzelnen Organisationen. Da diese auf den Outcome fokussierte Sicht sehr statisch ist, ist es jedoch nicht möglich, Veränderungen qualitativ zu erklären. Demnach wird eine neuere Sicht auf organisationale Felder als interdependentes Netzwerk eingenommen. Aufbauend auf den Begriff des gesellschaftlichen Sektors, wird das organisationale Feld des SRI in der vorliegenden Arbeit als transnational aufgefasst. Dies ermöglicht eine Analyse des SRI-Marktes auf unterschiedlichen Ebenen: der globalen, der europäischen und der nationalen.

Im Sinne dieses Verständnisses des Neo-Institutionalismus konzentriert sich die vorliegende Arbeit auf folgende Fragen:

1. Wie entwickelt sich das organisationale Feld des SRI historisch?
2. Welche kulturell-kognitiven Schemata lassen sich als verantwortlich für organisationales Handeln benennen?
3. Welche Akteure konstituieren das Feld und tragen zu Stabilität wie auch Veränderung bei?
4. Wie können dennoch Unterschiede im Verhalten von Akteuren erklärt werden?

Diesen Fragen wird, angewandt auf das organisationale Feld des SRI, in Kapitel 5 und 6 nachgegangen.

Neben dem bis hierher vorgestellten, deterministischen Ansatz des Neo-Institutionalismus gibt es in der Organisationstheorie einen weiteren Ansatz, der die Akteure als eingebettet in ihre Umwelt auffasst und dies zum Anlass nimmt, ihr Verhalten vor dem Hintergrund ihrer Umwelt zu beschreiben. Diese, aus dem gleichen „Theoriegeschlecht" entstammende Richtung des Institutionalismus rückt jedoch, im Gegensatz zum Neo-Institutionalismus, die nationalstaatlich gewachsenen Rahmenbedingungen in den Vordergrund und leitet daraus pfadabhängige Entwicklungen für die Teilnehmer am globalen Märktesystem ab. Diese, die „Divergenz"-These unterstützende Theorie, wird im folgenden Kapitel eingehend dargestellt.

# 4 THEORETISCHE GRUNDLAGEN II – DER NATIONAL BUSINESS SYSTEMS-ANSATZ

Die „europäische" Schule des Institutionalismus betont in ihren Ausführungen vor allem die Einbettung der Akteure in nationale Kontexte, die durch den Nationalstaat geschaffen werden. Auch wenn im europäischen Rahmen vermehrt von einer „Europäisierung"[7] (Bach 1999, 2000; Bulmer/Radaelli 2005) oder von Denationalisierung[8] (Zürn 1998) gesprochen wird, sind weite Teile des öffentlichen Lebens weiterhin nationalstaatlich strukturiert. Die politische Gesetzgebung wird in Bereichen des Wohlfahrtsstaates oder der Gesundheit von der jeweiligen Legislative bestimmt, der kulturelle Kontext ist weiterhin nationalstaatlich verhaftet,

---

7 Der Begriff der Europäisierung wird in unterschiedlicher Hinsicht gebraucht. Bach (2000) spricht von *„Europäisierung als ein kontinuierliches Schrumpfen des Bereichs relevanter politischer Regelungen, die von Regierungen noch autonom gestaltet werden können"*. Es werden Befugnisse von nationaler Ebene auf die europäische Ebene verlagert. Dennoch herrscht ein Demokratiedefizit durch die mangelnde Legitimation der Europäischen Kommission, da dort die Initiativ-, die Kontroll-, und die Exekutivfunktion vermischt werden. Weiter entsteht eine Bürokratie neuen Typs, die mit dem preußisch-deutschen Bürokratiemodell nach Weber nichts mehr zu tun hat. Sie ist gekennzeichnet durch eine transnationale Zusammensetzung der Beamten, ein hohes Maß an informellen Kontakten, eine hohe Fluidität, ein hohes Ausmaß an grenzüberschreitender Beamtenmobilität und eine horizontale Kontakt- und Kommunikationsstruktur. Der Beamte dient mehr als unternehmerischer Berater. Durch die Vollendung des Binnenmarktes und der Entmachtung der jeweiligen Rechtssysteme durch die Doktrin der Direktwirkung und des Vorrangs bei EUGH-Entscheidungen wird mit der Europäischen Union ein Herrschaftsverband „sui generis" geschaffen.

8 Denationalisierung geht auf eine Transnationalisierung der Handlungen von Akteuren ein. „Denationalisierung kann also definiert werden als Verschiebung der Grenzen von verdichteten sozialen Handlungszusammenhängen über die Grenzen von nationalen Gesellschaften hinaus, ohne gleich global sein zu müssen" (Zürn 1998: 73).

und eine europäische Öffentlichkeit kann sowohl empirisch als auch subjektiv nicht ausgemacht werden. Auch Organisationen und Unternehmen werden als Entitäten mit einer starken Verwurzelung in nationalstaatlichen Zusammenhängen wahrgenommen.

Der methodologische Nationalismus als idealtypische Prämisse sieht in den Nationalstaaten und den zugehörigen Regierungen die Grundeinheiten der sozial- und politikwissenschaftlichen Analyse. Zahlreiche Arbeiten verfahren nach diesem Prinzip und heben die Unterschiede zwischen national verorteten Gesellschaften hervor. Beispielhaft werden im Folgenden zwei wichtige Arbeiten dazu vorgestellt: Zum einen der Varieties of Capitalism-Ansatz von Hall und Soskice, da hier eine idealtypische Unterscheidung von Kapitalismusformen herausgearbeitet wird. Diese Unterscheidung dient als Basis für die unterschiedlichen Wirtschaftssysteme von Deutschland und Großbritannien und fließt in die spätere Analyse des SRI-Marktes mit ein. Zum anderen der National-Innovations-Systems-Ansatz von Lundvall und Nelson. Dieser Ansatz geht über die Darstellung der unterschiedlichen Wirtschaftssysteme hinaus, indem er zwischen gesellschaftlichen Institutionen differenziert, die zu unterschiedlichen gesellschaftlichen Mustern hinsichtlich der Innovationsperformance von Ländern führen. Der „National Business Systems"-Ansatz von Whitley vereint diese zwei Ansätze und führt zu einer ganzheitlichen Sichtweise von institutionellen Arrangements von unterschiedlichen Staaten.

## 4.1 Varieties of Capitalism

Im Varieties of Capitalism-Ansatz von Hall und Soskice (2001) wird eine idealtypische Unterscheidung von Kapitalismusformen vorgenommen. Unternehmen sind laut Hall und Soskice mit Koordinationsproblemen konfrontiert, die sie nur lösen können, wenn sie sich auf die lokalen Gegebenheiten einstellen. Probleme bei der Auswahl der Mitarbeiter, und somit im Aus- und Weiterbildungssystem, sind mit den vor Ort gegebenen Mitteln zu beheben (vocational training and education). Weiter müssen die industriellen Beziehungen festgelegt werden. Dies heißt, dass sich das Unternehmen auf bestimmte Aushandlungsprozesse bezüglich Arbeitnehmerrechten, Löhnen und Arbeitsbedingungen einlassen muss (industrial relations). Probleme bei der Finanzierung des Unternehmens und die mögliche Ausschüttung an Anteilseigner müssen geregelt werden (corporate governance). Auch die Beziehungen zu anderen Firmen und wie man diese gestalten will, müssen festgelegt werden (inter-firm relations). Als letzter Punkt wird die Beziehung zwischen dem Unternehmen und seinen Mitarbeitern (employees) angesprochen. "Their central problem is to ensure that employees have the requisite competencies and cooperate well with others to advance the objectives of the firm" (Hall/Soskice 2001: 7).

Zu all diesen Problemen gibt es nationalstaatlich unterschiedliche Lösungsstrategien, über die Unternehmen verfügen. Es gibt nicht eine Strategie, die als Universallösung für ein bestimmtes Problem gilt, denn verschiedene Lösungsstrategien sind laut Hall und Soskice durch eigene, nationalstaatlich gewachsene Muster und eine bestimmte institutionelle Infrastruktur vorgegeben. Nationale Institutionen und kulturelle Besonderheiten fließen in dem Sinne in die Idealtypisierung mit ein, als sie Teil der Strategien sind, wie Unternehmen ihre Koordinationsprobleme lösen. Institutionen und Organisationen werden von Hall und Soskice in Anlehnung an North wie folgt definiert:

> "[...] we define institutions as a set of rules, formal or informal, that actors generally follow, whether for normative, cognitive or material reasons, and organizations as durable entities with formally recognized members, whose rules also contribute to the institutions of the political economy" (Hall/Soskice 2001: 9).

Des Weiteren ist die politische Ökonomie eines einzelnen Staates eng mit der Geschichte des Landes und mit der Kultur verbunden. Die Kultur eines Landes wird als "[...] a set of shared understandings or available strategies of action developed from experience of operating in a particular environment [...]" (Hall/Soskice 2001: 12) verstanden. Institutionen werden kulturell und geschichtlich innerhalb eines Landes entworfen, da sie durch Akteure und deren Handlungen erst kreiert werden und wurden. Als Folge dieses Institutionalisierungsprozesses kann eine Erwartungshaltung an Handlungen anderer gestellt werden, was wiederum Interaktionen formal und informell koordiniert.

Die Differenzen unterschiedlicher Länder hinsichtlich ihrer institutionellen Infrastruktur, ihrer Geschichte und ihrer unterschiedlichen Problemlösungsstrategien werden durch institutionelle Komplementaritäten weiter verstärkt. "Here, two institutions can be said to be complementary if the presence (or efficiency) of one increases the returns from (or efficiency of) the other" (Hall/Soskice 2001: 17). Eine Ökonomie, die einen bestimmten Weg eingeschlagen hat, wird ihre Institutionen in der Weise aufbauen, dass sie die Effizienz anderer Institutionen verstärken. Hall und Soskice stellen hier vor allem die Möglichkeit von Spill-over-Effekten in den Vordergrund. Falls in einem bestimmten Bereich eine Form der Koordination mit Erfolg verwirklicht wird, wird sie in der Folge auch in anderen Bereichen angewendet und es kommt zu einer Homogenisierung von Strukturen innerhalb von ähnlichen Kooperationsformen.

Auf Basis dieses Analyseinstruments kommen Hall und Soskice zu dem Ergebnis, dass es innerhalb der großen OECD-Länder zwei unterschiedliche Ausprägungen von Kapitalismusformen gibt. Zum einen die *liberal-market economies*, wozu die USA, Großbritannien, Australien, Kanada, Neuseeland und Irland gehören, und zum anderen die *coordinated-market economies*, wozu Deutschland, Japan, die Schweiz, die Niederlande, Belgien, Schweden, Norwegen, Finnland und Österreich gehören. Zu den großen Unterschieden zwischen beiden Clustern gehören die Finanzmarktkapitalisierung, der Arbeitnehmerschutz und die Einkommens- und Vermögensungleichheit.

Jedoch weisen beide Ländergruppen über einen längeren Zeitraum ähnliche wirtschaftliche Wachstumsquoten auf. Und dies, obwohl sie fundamental unterschiedliche Problemlösungsstrategien verfolgen (vgl. Hall/Soskice 2001: 17 ff.). Dies bestätigt die Vermutung, dass es keine Universallösung von Problemen gibt, sondern unterschiedliche Strategien erfolgreich sein können.

Kritisch betrachtet ist der Ansatz von Hall und Soskice zu statisch, um die Veränderung von nationalen Wirtschaftsmodellen zu beschreiben. Beispielsweise wird in mehreren Arbeiten der Niedergang des rheinischen Kapitalismus in Deutschland seit Ende der 1990er Jahre (vgl. Deutschmann 2006, Windolf 2002) zu Gunsten eines finanzmarktzentrierten Kapitalismus beschrieben. Mit diesem Wandel von institutioneller Infrastruktur kommt der Ansatz von Hall und Soskice nur schwer zurecht, da er auf selbstverstärkende Mechanismen und Pfadabhängigkeiten setzt.

Dennoch sind die herausgearbeiteten Unterschiede zwischen den Nationalstaaten nicht von der Hand zu weisen. Wenn dieser Ansatz auch Schwächen hinsichtlich eines institutionellen Wandels aufweist, so werden dennoch, in einem idealtypischen Sinne, verschiedene Wirtschaftsweisen und deren Institutionen sinnvoll erfasst. Als Basis für eine eingehendere Untersuchung stellt der Varieties of Capitalism-Ansatz ein hervorragendes Instrument dar, um komparativ institutionelle Verflechtungen innerhalb von Ländern zu untersuchen. Deshalb wird in der vorliegenden Arbeit die grundsätzliche Unterscheidung zwischen verschiedenen Kapitalismusformen und die daraus resultierenden unterschiedlichen Kooperationsmechanismen in verschiedenen Ländern festgehalten, und dies auch als einer der Grundbausteine für die spätere Analyse hinsichtlich der Entwicklung des SRI-Marktes verwendet.

Da auch Hall und Soskice aufgrund ihrer Analyse annehmen, dass sich die unterschiedlichen Kooperationsformen auf die Innovationsleistung der Staaten auswirkt, ist nun die Frage, inwieweit über die Kapitalismusdichotomie von Hall und Soskice hinausgegangen werden kann, um ein ganzheitlicheres Bild der Wirtschaftsweise von Nationalstaaten zu erhalten. Einen weiteren Ansatz in dieser Tradition stellt der National Innovation Systems-Ansatz (NIS) dar.

## 4.2 Nationale Innovationssysteme

Auch das Konzept von nationalen Innovationssystemen fußt auf der Annahme, dass nationalstaatliche Eigenheiten die Innovationsleistung eines Staates in erheblichem Maße bestimmen.

Die Vertreter des NIS-Konzeptes betonen, dass der Nationalstaat nach wie vor der Gebieter über ein abgrenzbares Territorium ist, welches mit von ihm erlassenen Gesetzen strukturiert wird. Auch wenn Auflösungserscheinungen durch neuere regionale Zusammenschlüsse – als Beispiel kann die Europäische Union genannt werden – die nationale Hoheit in manchen Bereichen erodieren, sind, ganz in der Tradition des methodologischen Nationalismus, nationalstaatsspezifische Besonderheiten immer noch die wichtigste Einflussgröße, um interne Prozesse zu steuern.

"As long as nation states exist as political entities with their own agendas related to innovation it is *useful* to work with *national* systems as analytical objects" (Lundvall 2002: 215).

Es existieren zwei unterschiedliche Arten der Konzeption von nationalen Innovationssystemen. Zum einen die „enge" Definition nach Nelson (1993), die das institutionelle Set-up in den Vordergrund stellt, zum anderen die „weite" Definition nach Lundvall (2002).

Dem „engen" Konzept zufolge hat jedes Land unterschiedliche institutionelle Muster, die verantwortlich für die Innovationsleistung sind. "Rather, the 'systems' concept is that of a set of institutional actors that, together, plays a major role in influencing innovative performance" (Nelson/Rosenberg 1993: 4 f.). Ähnlich wie beim Varieties of Capitalism-Ansatz geht es auch hier um Koordinationsprobleme, die zwischen Akteuren gelöst werden müssen. Der Unterschied besteht jedoch darin, dass auch Staaten mit dem gleichen idealtypischen Wirtschaftssystem nach Hall und Soskice verschiedene Innovationssysteme haben können. Dies bedeutet, dass die Wirtschaftsform nur ein Bestandteil eines größeren Ganzen ist, welches als Innovationssystem wesentlich ausdifferenzierter hinsichtlich seiner Institutionen dargestellt werden kann. Die Innovationsleistung ist nicht nur vom vorherrschenden Wirtschaftssystem, sondern auch von mehreren anderen Faktoren abhängig. Das NIS-Konzept erweitert das VoC-Konzept.

Als Hauptakteure werden die Unternehmen gesehen, die mit F. u. E.-Einrichtungen einen Großteil der Innovationsleistung erbringen. Das Personal für diese Einrichtungen wird wiederum durch das Aus- und Weiterbildungssystem respektive Universitäten ausgebildet.

> "[…] universities play an extremely important role in technical advance, not only as places where industrial scientists and engineers are trained, but as the source of research findings and techniques of considerable relevance to technical advance in industry" (Nelson/Rosenberg 1993: 11).

An staatlichen Forschungseinrichtungen und Universitäten wird aufgrund der nicht vorhandenen Profitorientierung auch Grundlagenforschung betrieben, was sich Unternehmen oftmals nicht leisten können. Forschung wird bei Unternehmen in zunehmendem Maße in den Produktionsprozess eingebunden, was einem inkrementellen Innovationstyp entspricht und als das Ergebnis von Innovationen und Verbesserungen am Produktionsprozess durch beteiligte Personen sowie durch Vorschläge und Initiativen von Nutzern definiert werden kann. Beispiele für staatliche Forschungseinrichtungen in Deutschland sind das Max-Planck-Institut oder die Fraunhofer-Gesellschaft, die die Wirtschaft unterstützen und ihr neue Impulse geben.

Als weitere wichtige Akteure nennt Nelson die Politik und die Kultur eines Staates.

> "Certainly the policies and programs of national governments, the laws of a nation, and the existence of a common language and a shared culture define an inside and outside that can broadly affect how technical advance proceeds" (Meslon/rosenberg 1993: 16). Dadurch bilden sich nationale Netzwerke, in denen formale wie auch informelle Interaktion zwischen Akteuren aufgrund der geographischen Nähe stattfindet und entscheidende Impulse für Innovation und somit für Lernen setzt.

Das Institutionenset, welches die Innovationsleistung beeinflusst, wird im zweiten, dem „weiten" NIS-Ansatz von Lundvall, ausgedehnt. Innovation wird hier als ein interaktiver Prozess beschrieben, in welchem langfristige Beziehungen und Interaktionen zwischen innerhalb wie auch außerhalb eines Unternehmens stehenden Akteuren eine wichtige Rolle spielen. Damit können Netzwerke als wichtigste Triebkraft für Innovation gesehen werden, sowohl bei formalen wie bei informellen Kontakten.

Dementsprechend wird die Wichtigkeit des Heimatmarktes für die Spezialisierung der Wirtschaft eines Landes anerkannt. Welche Produkte vorrangig produziert und dann auch exportiert werden, hängt zu einem großen Teil von der Beschaffenheit des Heimatmarktes ab.

In diesen Märkten, die aufgrund ihrer unterschiedlichen Zusammensetzung national differieren, ergeben sich Chancen zum Lernen (vgl. Lundvall 2002: 218). Edquist (2005) unterscheidet drei Arten des Lernens. Erstens die Innovation als Gewinn, der durch Organisation in Unternehmen erzielt wird; zweitens Forschung und Entwicklung, die hauptsächlich in Universitäten und öffentlichen Forschungseinrichtungen stattfinden und drittens „competence building“, was die Ausbildung und Weiterbildung von Personal, also die Kreation von Humankapital bedeutet (vgl. Edquist 2005: 192). Dieser „Lern“-Markt wird vom jeweiligen nationsspezifischen Institutionengebilde vorgegeben.

> "In an economy characterised by on-going innovation and fundamental uncertainty the institutional setting will have a major impact upon how economic agents behave and as well upon a conduct and performance of the system as a whole" (Lundvall 2002: 220).

Informelle Institutionen sowie der Zeithorizont von Akteuren (was entweder das Agieren auf lange Sicht oder auch eine kurzfristige Zielsetzung bedeuten kann), die Sicherheit und das Vertrauen (die in einem Markt herrschen) und die Rationalität von interagierenden Elementen determinieren zu einem großen Teil die Lernchancen in einem System.

Auf der anderen Seite gelten Rechtssicherheit, Patentgesetzgebung und Arbeitsmarktbeschaffenheit als formale Institutionen, die neben den Lernchancen eines Systems gleichbedeutend für die innovative Leistungsfähigkeit einer Wirtschaft sind.

Somit kann ein Innovationssystem in zwei Dimensionen aufgeteilt werden. Die Frage nach dem, *was* produziert wird, muss abhängig davon beantwortet werden, welche Industriesektoren vorherrschen. Auf die Frage, *wie* gelernt wird, ist auf das institutionelle Set-up zu verweisen, das Produktion, Innovation und Lernen bestimmt (vgl. Lundvall 2002: 220 f.). Beides ist nationalstaatlich verankert und die Lösungsansätze differieren von Land zu Land.

In Abbildung 2 sind die wesentlichen Punkte eines Innovationssystems schematisch dargestellt. Es beeinflussen sich gegenseitig die Produktionsstruktur, die Wissensinfrastruktur, das institutionelle Set-up, die Wünsche der Konsumenten und die politischen Leitlinien, die die Innovationsleistung strukturieren. Dies führt zu einem Lerneffekt und im Weiteren zu Innovationen, die sowohl radikal als auch inkrementell sein können.

Als *Produktionsstruktur* werden nicht nur greifbare Einheiten wie Anlagen, Gebäude, Werkzeuge und Ausrüstung gesehen, sondern auch nicht-greifbare Phänomene wie das Wissen über Produktionsprozesse, das sich im Laufe der Zeit angehäuft hat. Ebenso zur Produktionsstruktur gehört die Verbreitung dieses Wissens, sie beeinflusst somit sektorspezifisch die Möglichkeiten zum Lernen (vgl. Gregersen/Björn 1997: 480).

Die *Wissensinfrastruktur* ist entscheidend für Lerneffekte. Es müssen Kanäle geöffnet sein für die Bereitstellung und Verbreitung von Wissen. Dieses muss in der Wissenschaft generiert, in den Schulen und Hochschulen transportiert und weiterentwickelt werden. Hier ist der Einfluss des Staates als rahmenschaffender Akteur gefragt.

Institutionen spielen eine zentrale Rolle und markieren als nationale Anhäufung in *institutionellen Set-ups* die Grenzen und Möglichkeiten der Innovationsleistung eines Systems. Institutionen schaffen Vertrauen, geben Handlungssicherheit und sind relativ stabil. Institutionen im NIS-Konzept werden allerdings nicht als losgelöst vom internationalen Rahmen gesehen. Transnationale Institutionen beeinflussen sehr wohl nationale Institutionen und verändern diese (vgl. Gregersen/Björn 1997: 484).

Die *Wünsche der Konsumenten* spielen eine große Rolle und tragen zur Innovationsleistung bei. Bestimmte nationale Eigenheiten betreffend Kleidung, Haushaltsartikel, Sport- und Freizeitartikel und medizinische Produkte werden aufgrund von eigenen kulturellen oder geographischen Mustern eines Landes benötigt und verlangt. Darauf reagiert die Industrie und wird ihre Anstrengungen auf diese Bereiche fokussieren. Diese Bereiche bieten Unternehmen Wachstumschancen.

Weiter kann der qualitative Bereich vom quantitativen Bereich abgegrenzt werden. Die unterschiedlichen Marktgrößen bieten unterschiedliche Chancen auf Entwicklung für Unternehmen. So kann ein in den USA ansässiges Unternehmen einen Heimatmarkt bedienen, der wesentlich größer ist als ein Unternehmen, welches seinen Sitz in Südkorea hat. Somit sind auch hier quantitativ die Innovationsleistungen an den Heimatmarkt gekoppelt (vgl. Gregersen/Björn1997: 484).

Die *politischen Leitlinien, Gesetze und Programme,* die auf eine Stimulierung von Innovation setzen, sind vielfältig. Sie alle spielen eine wichtige Rolle für die Innovationsleistung eines Landes. Hinzu kommen auch noch nicht direkt mit Innovation in Verbindung stehende politische Rahmenbedingungen, wie das Aus- und Weiterbildungssystem, die Arbeitsmarktpolitik, die sozialen Absicherungssysteme etc. Es können eine Vielzahl von Einflussfaktoren ausgemacht werden, die wichtig sind für das nationale Innovationssystem (vgl. Gregersen/Björn 1997: 484). Die einzelnen Faktoren sind nicht unabhängig voneinander, sondern interdependent. Nur das Zusammenspiel ergibt in der Summe die Innovationsleistung.

**Abbildung 2: Institutionelle Voraussetzungen für Innovation**

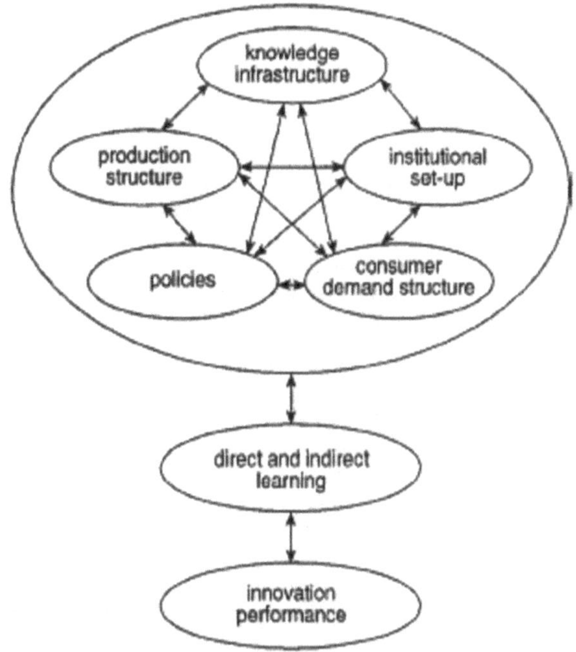


Quelle: Gregersen, Brigitte; Johnson, Björn (1997):
Learning Economies, innovation Systems and Euopean Integration.
In: Regional Studies. Jg. 31, H. 5, S. 497–490.

Wenn die beiden wichtigsten Punkte der beiden vorgestellten Ansätze – der Varieties of Capitalism-Ansatz und der National Innovation Systems-Ansatz – verbunden werden, kommt man bei Kreuztabellierung zu Tabelle 1. Aufbauend auf der von Hall und Soskice vorgeschlagenen Unterscheidung von Formen des Kapitalismus wird das System industrieller Beziehungen untersucht, das für nationale Innovationssysteme immanent wichtig ist. Somit kommt man zu einer grundsätzlichen Unterscheidbarkeit im System industrieller Beziehungen, im Finanzierungssystem, in der Unternehmenskontrolle und im System der Beziehungen zwischen Unternehmen in Ländern, die unter verschiedenen Wirtschaftssystemen operieren.

**Tabelle 2: Idealtypische Unterscheidung des Systems industrieller Beziehungen**

| | Konsensorientiertes Marktsystem | Liberales Marktsystem |
|---|---|---|
| **System industrieller Beziehungen** | | |
| Lohnverhandlungen und Beziehungen zwischen Arbeitgebern und -nehmern | Arbeitgeberverbände und Industriegewerkschaften spielen eine wichtige Rolle bei der formellen und informellen Koordination auf Sektorebene; zu beobachten ist eine relativ geringe Mobilität von Fachkräften sowie geringe Flexibilität der Löhne und Lohnstrukturen. | Verhandlungen finden größtenteils auf Unternehmensbasis und unkoordiniert statt; es gibt eine hohe Flexibilität der Löhne und Lohnstrukturen. |
| Industrielle Beziehungen innerhalb von Unternehmen | Von Angestellten und Arbeitern gewählte Institutionen spielen eine wichtige Rolle in der Entscheidungsfindung von Unternehmen; sie haben Verbindungen zu außerindustriellen Verbänden, zusätzlich sind sie in Aufsichtsgremien repräsentiert. | Arbeitnehmervertretungen treten in Erscheinung bei kollektiven Verhandlungen; ihr Einfluss auf die Ausgestaltung von Arbeitsverträgen im privaten Sektor ist gering; die Rolle der Gewerkschaften ist relativ unbedeutend. |
| Finanzierungssystem und Unternehmenskontrolle | An der Börse gehandelte Unternehmen haben stabile Aktionärssysteme; Banken spielen eine wichtige Aufsichtsrolle; ebenso werden Meinungen von verschiedenen Seiten als Monitoring eingeholt; feindliche Übernahmen sind schwierig. | Legale Rahmenbedingungen, die feindliche Übernahmen bei an der Börse gehandelten Unternehmen erlauben; risikotragendes Kapital für Projekte mit hohem Risiko ist verfügbar. |
| System der Beziehungen zwischen Unternehmen | Konsensbasiertes Setzen von Standards innerhalb der Wirtschaft | Marktbasiertes Setzen von Standards |

Quelle: BMBF, 1998: Zur technologischen Leistungsfähigkeit Deutschlands 1998, S. 40. In Anlehnung an: Soskice, David, 1999: Divergent Production Regimes: Coordinated and Uncoordinated Market Economies in the 1980s and 1990s. S. 101–134. In: Kitschelt, Herbert; Lange, Peter; Marks, Gary; Stephens, John D. (Hg.): Continuity and Change in Contemporary Capitalism. Cambridge.

Die Folge von unterschiedlichen Wirtschaftssystemen ist demnach, dass auch die internen Strukturen der jeweiligen Länder differieren, was sowohl die industrielle Leistungsfähigkeit als auch die Innovationsfähigkeit eines Landes beeinflusst.

An dieser Stelle werden die zwei Dimensionen festgehalten, nach denen sich Staaten oder Gruppen von Staaten unterscheiden. Zum einen nach ihrem Wirtschaftssystem, welches Auswirkungen auf die Beziehungen der Akteure innerhalb hat. Und zum anderen, darauf aufbauend, nach ihren Innovationssystemen, welche sich aus mehreren Faktoren zusammensetzen, die in ihrer Summe und Interdependenz zu einer bestimmten Innovationskapazität führen.

Im Folgenden wird der ganzheitliche Ansatz des National Business Systems vorgestellt. Whitley (1994a, 1994b, 1999) hat hier Variablen ausgearbeitet, nach denen sich Systeme von Wirtschaftsweisen der Länder hinsichtlich mehrerer Dimensionen unterscheiden lassen. Länder können nicht nur nach ihren Wirtschaftssystemen und ihren nationalen Innovationssystemen, sondern auch nach ihren sozialen, politischen, kulturellen und ökonomischen Institutionen unterschieden werden.

## 4.3 National Business Systems

Der National Business Systems-Ansatz geht hinsichtlich seiner Akteurskonstruktion von der gleichen Prämisse aus wie der Neo-Institutionalismus. Akteure, in diesem Fall vorrangig Unternehmen, die national wie auch international operieren, sind zu einem großen Teil von ihrer Umwelt geprägt. Umwelt wird verstanden als ein Institutionengefüge, welches sich – im Neo-Institutionalismus – global ausgebildet hat und hin zu einer Homogenisierung von Praktiken führt, oder – im NBS-Ansatz – sich lokal ausgebildet hat und nationale pfadabhängige Akteurskonstruktionen in den Fokus rückt.

Es wird die fundamental unterschiedliche Auffassung hinsichtlich der Frage vertreten, ob transnational operierende Unternehmen immer homogener in ihren Strukturen arbeiten, es also zu einer Konvergenz hinsichtlich der Praktiken kommt, oder ob nationale Eigenheiten die bestimmenden Einflussfaktoren sind, es also zu divergenten Prozessen kommt.

Während Transnationalisierung im amerikanischen Institutionalismus als unabdingbarer Prozess durch global wirkende institutionelle Isomorphismen (Meyer 2000) erklärt wird, verweist der europäische Institutionalismus darauf, dass nationalstaatlich verfasste Institutionengefüge weiterhin Einfluss darauf haben, wie multinationale Unternehmen konstituiert werden. Der zentrale Transmissionsmechanismus besteht aus der Sicht des europäischen Institutionalismus in den Institutionen des jeweiligen National Business Systems, wie z. B. dem jeweiligen nationalen Finanz- und Bankensystem oder dem Bildungssystem (Geppert et al. 2006: 91).

Der NBS-Ansatz geht davon aus, dass verschiedene Systeme wirtschaftlicher Organisation entwickelt wurden und auch immer wieder durch eigene institutionelle Arrangements reproduziert werden (vgl. Amable 2003; Hall/Soskice 2001; Whitley 1992, 1999). Der Nationalstaat ist die Manege, in der sich verschiedene gesellschaftliche Akteure in ständigem Konflikt auf einen Weg in die Zukunft einigen. Die Akteure, die an diesen Konflikten teilnehmen, sind zumindest zum Großteil nationaler Natur. "Such conflicts remain highly national in their focus and organization, however, because nation states constitute the prevalent arena in which social and political competition is decided in industrial capitalist economies" (Whitley 1999: 19).

In den Arbeiten von Whitley (1994b, 1999) werden die fundamentalen Unterschiede zwischen verschiedenen vorhandenen ökonomischen Organisationsformen in unterschiedlichen Ländern hinsichtlich ihrer speziellen institutionellen Umwelt herausgearbeitet. Es gilt, die Faktoren zu bestimmen, die ausschlaggebend dafür sind, warum ökonomische Umwelten so divergieren. Weiter wird angenommen, dass ökonomische Beziehungen und Aktivitäten sozial konstruiert und deshalb auch in ihren Institutionen variabel sind. Jeder gesellschaftliche Kontext legt seine eigenen „rules of the game" fest, nach denen gehandelt wird.

"*Business systems* are conceived here, then, as distinctive patterns of economic organization that vary in their degree and mode of authoritative coordination of economic activities, and in the organization of, and interconnections between, owners, managers, experts, and other employees" (Whitley 1999: 33).

Der NBS-Ansatz geht davon aus, dass ein historisch gewachsenes Institutionengefüge in jedem Land zu unterschiedlichen Ausprägungen eines Wirtschaftssystems im Heute führt.

**Tabelle 3: National Business Systems – institutionelle Voraussetzungen**

| Historisch gewachsenes Institutionengefüge eines Landes | | | |
|---|---|---|---|
| Politisches System | Finanzsystem | Beschäftigungs- & Bildungssystem | kulturelles System |

| National Business System | | |
|---|---|---|
| Charakteristiken der Unternehmung (nature of the firm) | Organisation marktlicher Prozesse | Koordination und Steuerungssysteme |

Quelle: Geppert, Mike; Matten, Dirk; Schmidt, Peggy (2006): Hintergründe und Probleme der Transnationalisierung multinationaler Unternehmungen: Globale Isomorphismen, *national business systems* und transnationale Räume. In: Mense-Petermann, Ursula; Wagner, Gabriele (Hg.): Transnationale Konzerne: ein neuer Organisationstyp? Wiesbaden: VS Verlag für Sozialwissenschaften, S.85–120.

Im Folgenden werden die einzelnen Systeme dargestellt: das politische System, das Finanzsystem, das Beschäftigungs- und Weiterbildungssystem und das kulturelle System.

- Das politische System:

"This feature can be termed: the extent to which *states dominate the economy and share risks* such that business become dependent on state policies and actions" (Whitley 1999: 48). Staatliche Stellen können durch gesetzliche Vorschriften den Markt beeinflussen, kontrollieren, regulieren und steuern. Der Staat kann stark in die Wirtschaft eingreifen, wie es bei koordinierten Marktwirtschaften der Fall ist, oder als „Nachtwächterstaat" fungieren, indem er den Marktkräften das Feld überlässt. Des Weiteren ist die Rolle von Gewerkschaften, Arbeitgeberverbänden und anderen Lobbygruppen entscheidend. Der Staat kann Intermediäre zwischen Arbeitnehmern und Arbeitgebern unterstützen und zulassen und deren intra- und intersektorale Organisation befördern, oder er kann intolerant gegenüber solchen Gruppen handeln. Als dritter wichtiger Punkt ist die Regulierung der Märkte anzusprechen. Entweder werden die Grenzen der Märkte und der Zugang zu ihnen vom Staat reguliert oder man setzt auf Marktkräfte, die eigene Standards entwickeln und den Zugang und das Ausscheiden von Akteuren selbst regeln.

- Das Finanzsystem:

Es gibt eine Dichotomie bei der Analyse der Finanzsysteme, die eng an Hall und Soskices Varieties of Capitalism-Ansatz angelehnt ist. Die Frage ist, ob es sich eher um ein kapitalmarktfinanziertes System handelt, wie in den *liberal-market-economies*, oder um ein kreditfinanziertes System, wie den *coordinated-market-economies*.

In einem kapitalmarktfinanzierten System wird über Anleihen und Aktien Kapital für ein Unternehmen akquiriert. Die Anteile an Unternehmen können sehr schnell auf dem Finanzmarkt getraded werden und somit schnell den Besitzer wechseln. Als Folge daraus entsteht ein sehr loses Verhältnis zwischen Eigentümern und Firmenentwicklung. Die Interessen der Anteilseigner sind meist kurzfristiger Natur und es wird eine Maximierung der Rendite angestrebt. Diese kurzfristige Gewinnerwartung der Eigentümer setzt das Unternehmen unter Druck, sehr schnell viel Gewinn zu erwirtschaften, was im Widerspruch zu dem Gedanken einer langfristigen und nachhaltigen Entwicklung steht.

Kreditfinanzierte Systeme, wie z. B. in Japan oder Deutschland[9], funktionieren nach anderen Prinzipien. Es sind meist schwach ausgeprägte Kapitalmärkte vorhanden, die nur eine geringe Rolle spielen. Vielmehr sind es große Banken oder von staatlicher Seite mitkontrollierte Bankenkonsortien, die mit langfristigen Krediten heimische Unternehmen unterstützen. Es kann so seitens des Staates gezielt Einfluss auf Unternehmen genommen werden. Zinsen können in Wachstumsperioden künstlich niedrig gehalten und somit Liquidität erzeugt oder bestimmte Industriesektoren bewusst unterstützt werden. Die Firmen werden nicht in dem eben erwähnten Ausmaß einer kurzfristigen Gewinnerwartung ausgesetzt, sondern sie können mittel- bis langfristige Wachstumsplanungen eingehen.

---

9 Vor allem Deutschland ist jedoch in den letzten zehn Jahren von einem rein kreditfinanzierten System mit starker staatlicher Aufsicht für große deutsche Unternehmen zu einem kapitalmarktfinanzierten System übergegangen. Auch wenn das „neue" System noch nicht so stark ausgeprägt ist wie in klassisch kapitalmarktfinanzierten Ländern wie USA oder UK, ist doch ein Trend zu verzeichnen. Die Privatisierung von Großunternehmen wie der Telekom und der Deutschen Post und die anstehende Privatisierung der Deutschen Bahn können hier als Beispiele genannt werden. Dies wird begleitet mit einem Rückzug des Staates aus Aufsichtsgremien in den Unternehmen und den Banken. Hierzu ausführlich Deutschmann (2006, 2008), Brandl (2006), Streeck (1999), Günther (2007), Bayer (2006).

Vor allem dieser Teilaspekt hat für die spätere Analyse große Relevanz. In Staaten, die ein kapitalmarktbasiertes System aufweisen, hat sich der Kapitalmarkt anders entwickelt als in Staaten mit einem kreditbasierten System. Aufgrund der Funktion des Kapitalmarktes in Staaten mit kapitalmarktbasiertem System hat er dort eine gewichtigere Funktion für die Wirtschaft. Das Überleben und die Versorgung mit Liquidität für Unternehmen wird über den Kapitalmarkt abgewickelt und nicht über Kredite von Banken. Dies hat zur Folge, dass sich z. B. der SRI-Markt in einigen Ländern zu einem früheren Zeitpunkt herausgebildet und auch schneller gewachsen ist als in anderen.

- Beschäftigungs- und Bildungssystem:

Jedes Land hat ein spezielles Aus- und Weiterbildungssystem entwickelt, welches in hohem Grad die industrielle Performance beeinflusst. Weiter geht es um die Unterscheidung von Hierarchien in Unternehmen und darum, wie stark diese ausgebildet sind. Beispielsweise war und ist in Japan bis heute der Unterschied zwischen „einfachen" Arbeitern und Weisungsbefugten in einem Unternehmen nicht in dem Maße ausgeprägt wie in westlichen Ländern. Dies führt dazu, dass sich Mitarbeiter sehr stark zugehörig zu ihrem Unternehmen fühlen und dies auch zu ständigen, von den Mitarbeitern angeregten Verbesserungen führt.

Ein weiterer wichtiger Punkt ist der Managementstil. Während in westlichen Staaten vertikale Hierarchien stark ausgeprägt sind, ist in Japan der horizontale Informationsfluss zwischen Unternehmen und staatlichen Stellen wie auch zwischen Unternehmen selbst sehr wichtig und ist Teil eines nationalen Systems von industriellen Beziehungen, die die Leistung der Wirtschaft in Japan stark prägen (vgl. Freeman 1987).

Auch der Organisationsgrad der Sozialpartner und die formelle Regulierung der Arbeitsmärkte sind entscheidend für das NBS.

- Kulturelles System:

Der Fokus liegt hier auf der Frage, in welchem Maße kulturelle Normen und Werte Eingang in Institutionen gefunden haben und sich über sie ausdrücken. Formale Institutionen können als verlässlich wahrgenommen werden, oder es wird versucht, ohne diese auszukommen. Eine große Rolle spielt die Verlässlichkeit von informellen Institutionen, etwa bei Vertrauensbeziehungen zwischen Managern verschiedener Unternehmen und zwischen Managern und Arbeitnehmern. Auch die Ausprägung von Autoritätsbeziehungen innerhalb von Gesellschaften kann sehr unterschiedlich sein und ist somit von großer Wichtigkeit für ein soziales Gefüge in der Wirtschaft. So fußt das amerikanische Universitätssystem wesentlich weniger auf Autorität als das deutsche. Professoren hüllen sich nicht in einen Mantel der Allwissenheit und Unerreichbarkeit, sondern interagieren mit Studierenden auf gleicher Augenhöhe, sind somit wesentlich besser erreichbar und dienen als Ansprechpartner (vgl. Geppert et al. 2006: 92 ff., Whitley 1999: 47 ff.).

Ausgehend von diesen vier Kerncharakteristiken kommt Whitley zu drei abgrenzbaren Teilgebieten, die ein NBS ausmachen. Es handelt sich um die Charakteristiken der Unternehmung, der Organisation der marktlichen Prozesse und des Koordinations- und Steuerungssystems.
Die Fragen, die sich hieraus ergeben, sind:

1. Wie werden die Wirtschaftsaktivitäten und Ressourcen koordiniert und gesteuert?
2. Wie werden die Aktivitäten und Skills innerhalb der Unternehmen durch autoritative Beziehungen organisiert?
3. Wie werden die autoritativ koordinierten Wirtschaftsaktivitäten in den Unternehmen im Verhältnis zum Markt organisiert?

Aus den Antworten, die sich aus den verschiedenen Institutionskontexten ableiten lassen, werden die Konfigurationen und Verhältnisse bezüglich des Marktes und der sich darin manifestierenden und vorherrschenden Hierarchie gewonnen (vgl. Chang 2004: 30).

**Tabelle 4: Charakteristiken des NBS-Ansatzes**

**The Nature of the Firm as Economic Actor**
1. Extent of decentralisation of economic power to private interests
2. Remoteness of property-rights' owners from management of economic activity
3. Self-sufficiency of economic actors
4. Diversity of activities and resources controlled by leading firms

**Market Relations**
1. Extent of long-term, reciprocal obligations between firms
2. Significance of intermediary organizations in co-ordinating flows and strategies
3. Dependence of market relations upon personal ties

**Authoritative Co-ordination and Control System**
1. Impersonality of authority relations
2. Distance of superiors from subordinates and tasks
3. Centralization of co-ordination and control
4. Integration and interdependence of activities and resources
5. Specialisation of tasks, roles, skills and authority
6. Employer-employee commitment and the nature of the employment system

Quelle: Whitley, Richard (1994a): Dominant Forms of Economic Organization in Market Economies. In: Organization Studies, Jg. 15, H. 2, S. 153-182.

## 4.3.1 The Nature of the Firm as Economic Actor

Das Unternehmen stellt in einer Volkswirtschaft den bedeutendsten ökonomischen Akteur dar. Es werden Ressourcen, Produktivkräfte, Wissen und natürliche Voraussetzungen eines Marktes gebündelt und eine Wertschöpfungskette angestoßen. Unternehmen agieren als Wirtschaftsakteure, da sie Ressourcen durch ein Autoritätssystem kontrollieren, koordinieren und integrieren. Dieses Autoritätssystem ist entscheidend für das Vertrauen, welches Eigentümer und die Gesellschaft in ein Unternehmen haben. Bezahlte Manager werden zur Leitung eines Unternehmens eingesetzt und genießen große Autonomie gegenüber den Besitzern. Auch die Autonomie gegenüber staatlichen Eingriffen ist ein mögliches Unterscheidungskriterium zwischen Volkswirtschaften. Je mehr eine Dezentralisierung von ökonomischer Macht hin zu privaten Interessen geschieht, desto größer ist die Unabhängigkeit der Wirtschaft gegenüber dem Staat. Hier gibt es verschiedene Ansätze in der Staatengemeinschaft. Von einer Gesellschaft, die rein private Unternehmen vorgibt, über teilstaatliche Unternehmensformen bis hin zu Staatsunternehmen, was vorrangig in den Schlüsselindustrien von einigen Ländern der Fall ist.

Ein weiteres Unterscheidungsmerkmal ist der Grad der Verquickung von Eigentümer und Manager eines Unternehmens. Dies reicht von einem Familienunternehmen, in dem der Eigentümer gleichzeitig auch Geschäftsführer ist und das Risiko selbst trägt, bis zu einer Aktiengesellschaft, in der viele unterschiedliche Eigentümer mit unterschiedlichen Anteilen am Unternehmen beteiligt sind und der Vorstand lediglich bei einer Jahreshauptversammlung den Eigentümern Rechenschaft ablegen muss. Beim Familienunternehmen ist meist ein langfristiges Wachstum das Ziel, mit einer Behauptung am Markt und einer Rendite, die den kleinen Eigentümerkreis zufriedenstellt. Im Gegensatz dazu wird eine Aktiengesellschaft aufgrund ihrer Eigentümerstruktur von kurzfristigen Gewinninteressen bestimmt, was den Aktienkurs und die Dividendenausschüttung angeht. Die Eigentümer sind in strategische Entscheidungen des Unternehmens meist nicht eingebunden, sondern sind rein gewinnorientiert beteiligt.

Auch differieren Staaten in ihrem Wirtschaftssystem hinsichtlich des Ausmaßes der Unabhängigkeit, die sie ihren Unternehmen zugestehen, bzw. hinsichtlich des Maßes an innerstaatlicher Vernetzung von Unternehmen, Banken und staatlichen Stellen. Während im angelsächsischen Kapitalismusmodell eine weitgehende Unabhängigkeit der Unternehmen gegeben ist, wurde in Japan ab Mitte der 1950er Jahre eine sehr enge Verbindung zwischen Staat, Banken und Unternehmen geformt. Somit wurden Risiken verteilt und es konnte ein koordiniertes Wirtschaftswachstum erfolgen. Kontinentaleuropäische Staaten, wie Frankreich oder Deutschland, befinden sich in der Mitte zwischen diesen beiden Polen, da bis Ende der 1990er Jahre dort noch eine enge Verknüpfung von Unternehmen, Banken und Staat zu verzeichnen war, inzwischen allerdings Auflösungserscheinungen dieser Strukturen zu verzeichnen sind (vgl. Whitley 1994a: 8 ff.; 1994b: 157 ff.).

Eine Anmerkung erscheint hier angebracht: Obwohl in den letzten Jahren die Unabhängigkeit von Banken und Unternehmen weitgehend fortgeschritten ist, hat die Finanz- und Wirtschaftskrise 2008/2009 gezeigt, dass diese vermeintliche Unabhängigkeit von staatlichem Einfluss nur soweit geht, wie auch ein wirtschaftlicher Erfolg zu verzeichnen ist. Der Staat hat hier als Rückversicherung für viele Banken und Unternehmen deren Überleben erst ermöglicht, vor allem in den USA und Europa.

### 4.3.2 Market Relations

Die Frage nach der Organisation von Märkten kann unterschiedlich gestellt werden. Das Zusammenspiel von Akteuren auf dem Markt ist von

Interesse, und unter welchen Voraussetzungen diese miteinander interagieren. Inwieweit werden Kooperationen zwischen Firmen eingegangen und wie sind diese strukturiert? Vor dem Hintergrund welcher institutioneller Set-ups entstehen diese Verbindungen?

Einerseits können Beziehungen zwischen Marktteilnehmern aus langfristigen, reziproken Verpflichtungen und Verbindungen bestehen. Es werden Firmengruppen und sektorspezifische Konglomerate gebildet, die durch langfristige Verträge, Vertrauensbeziehungen und gegenseitige Abhängigkeit aneinander gebunden sind. Ein Beispiel sind die japanischen *Keiretsu*, eine Form von Firmenkonglomeraten, denen unterschiedliche, aber eng verknüpfte Unternehmen angehören. Horizontale Verbindungen zwischen Firmen sowie vertikale Verbindungen zwischen Zulieferbetrieben und Unternehmen, die auf lange Sicht zusammenarbeiten und dadurch auch Risiken teilen, sind hier zu nennen. Andererseits gibt es Märkte, die sich durch kurzfristige und anonyme Transaktionen auszeichnen. Auf Spotmärkten, z. B. bei der Rohstoffbörse, werden standardisierte Güter von vielen Teilnehmern getraded, und es kommt nur beim Kauf bzw. beim Verkauf zu einer kurzen Berührung der Akteure. Es wird keinerlei Beziehung aufgebaut und der Preis ist das einzig entscheidende Kriterium. Dies sind die zwei Extremvarianten von Marktbeziehungen: eine sehr enge, langfristige Zusammenarbeit und auf der anderen Seite nur punktuelle Berührungen bei kurzfristigen Transaktionen.

Des Weiteren sind in diesem Bereich Intermediäre sehr wichtig, die dafür sorgen, dass Interaktionen zwischen Akteuren geordnet und verlässlich ablaufen. Gemeint sind hier etwa Banken oder Handelskammern, die die Beziehungen zwischen Akteuren begleiten und strukturieren und den Güter- und Kapitalfluss gewährleisten. So sind Banken als Kreditgeber ausschlaggebend für den Erfolg von Unternehmen, gleichzeitig aber auch daran interessiert, dass die von ihnen betreuten Unternehmen erfolgreich wirtschaften, was wiederum den Banken die Möglichkeit eröffnet, weitere Dienstleistungen anzubieten und gleichsam „mitzuwachsen“. Starke Intermediäre in einer Wirtschaft ermöglichen einen langfristigen Planungshorizont und eine verbesserte Koordination von Beziehungen für Akteure und tragen zur Integration bei.

Inwieweit die Beziehung zwischen Marktakteuren auf persönlichen Bindungen beruht, ist als dritter wichtiger Punkt zu nennen. Persönliche Beziehungen, die Interaktionen strukturieren, setzen auf Vertrauen als Basis für den Austausch. Es wird vieles informell geregelt und bedarf wenig formaler kontraktueller Aushandlungen. Der Nepotismus in Italien sowohl in der Wirtschaft als auch bei kriminellen Organisationen kann hier als Beispiel angeführt werden. Da die Familie eine wesentlich größere strukturelle Rolle in der Gesellschaft spielt, werden Geschäfte oft nicht-kontraktuell, sondern mündlich durch Vertrauensvorschuss geregelt (vgl. Whitley 1994a: 8 ff., 1994b: 157 ff.).

### 4.3.3 Authoritative Co-ordination and Control System

Die interne Strukturierung von Unternehmen und die innere Logik, nach der gehandelt wird, sollen an dieser Stelle herausgearbeitet werden. Es stellt sich die Frage, wie und nach welchen Mustern Autorität gehandhabt wird. Fußt Autorität auf persönlichen Zuschreibungen oder ist es die Position, die mit diesem Attribut verbunden ist? Als weiteres Unterscheidungsmerkmal ist die Beziehung zwischen Vorgesetzten und Untergeben herauszustellen. In manchen Firmenstrukturen werden horizontale Beziehungen zwischen unterschiedlichen Hierarchieebenen, die auch persönlicher Natur sein können, bevorzugt, in anderen sind Hierarchien stark ausgebildet und es werden keinerlei Beziehungen zwischen unterschiedlichen Ebenen unterhalten.

Zudem sind Unterschiede hinsichtlich der Zentralisierung von Koordination und Kontrolle in Unternehmen zu verzeichnen. In stark zentralisierten Firmen werden Entscheidungen allein von einer Person oder einem kleinen Kreis von Personen gefällt; andere Firmen verfügen über eine große mittlere Managementebene, die auch entscheidungsbefugt ist.

Als dritter Punkt wird die Integration und Interdependenz zwischen verschiedenen Firmenteilen und damit auch der Umgang mit den zur Verfügung stehenden Ressourcen angesprochen. So können Teilbereiche von Unternehmen relativ autark behandelt und als eigene kleine Unternehmen geführt werden oder es kann eine enge Verknüpfung zwischen verschiedenen Unternehmensteilen stattfinden. In Deutschland fand bis Ende der 1990er Jahre z. B. eine enge Verknüpfung und damit auch Integration von Unternehmensteilen statt, während in England einzelne Teile von Unternehmen sehr auf sich allein gestellt handelten.

Auch die Norm- und Wertvorstellungen einer Gesellschaft erfüllen eine wichtige Funktion. Es kann eine hohe Spezialisierung auf Aufgaben und Tätigkeiten innerhalb von Unternehmen geben. Eine Person wird nur die Aufgabe ausführen, für die sie auch ausgebildet und ihrer Position entsprechend verantwortlich ist. Ist in einem Land ein hochspezialisiertes Aus- und Weiterbildungssystem vorhanden, kann auf jede Art von Tätigkeit auch speziell vorbereitet werden. Ist dies nicht der Fall, so kann auch bereichsübergreifend gearbeitet werden. Zugeschriebene Rollen und Autoritätssysteme können als weich betrachtet werden und verschwimmen teilweise.

Whitley unterscheidet hinsichtlich des Arbeitsmarktes zwischen *organisationsbasiertem* und *marktbasiertem* System. Das organisationsbasierte System fußt auf einem hohen Anteil von Kernarbeitnehmern, die in einem Unternehmen über eine längere Zeit beschäftigt sind. Diese werden vom Unternehmen weitergebildet und es entsteht eine enge Beziehung zwischen dem Unternehmen und den Angestellten. Innerhalb der Firmen gibt es vorgegebene Karriereleitern, die man mit zunehmender Seniorität beschreitet. Auf der anderen Seite steht das marktbasierte System, welches eine hohe Flexibilität von den Arbeitnehmern fordert. Es werden, je nach Marktlage, kurzfristige Arbeitsverträge angeboten, der Arbeitnehmer wechselt häufig den Arbeitgeber, Löhne werden auf dem Markt ausgehandelt und es erfolgt wenig innerbetriebliche Weiterbildung. Verknüpft sind die beiden Systeme mit dem Organisationsgrad der Gewerkschaften und den politischen Rahmenbedingungen, die geschaffen werden, z. B.: welche Tarifverträge werden von welchen Akteuren ausgehandelt, sind Mindestlöhne vereinbart und inwieweit ist der Kündigungsschutz gesetzlich verankert? (vgl. Whitley 1994a: 8 ff., 1994b: 157 ff.)

In den drei großen Dimensionen, die hier herausgearbeitet wurden, und den zugehörigen Variablen können nationale Wirtschaftssysteme unterschieden werden. Whitley kommt zu unterschiedlichen Systemen, die sich aufgrund einer pfadabhängigen Entwicklung nicht in ihren Institutionen angleichen. Die Hauptthese dieses Kapitels ist demnach, dass sich aufgrund verschiedener Ausgangslagen soziale Institutionen entwickelt haben, die als Kerninstitutionen fungieren und von Land zu Land differieren. Die Wirtschaftsweise, die Innovationssysteme, die unterschiedlichen Kapitalismusformen und die gesellschaftlichen Wahrnehmungs- und Deutungsmuster finden sich in diesen Kerninstitutionen wieder. Somit ist die gesamte Gesellschaft an einen Kontext gebunden, der sie intern strukturiert. „Dann sind die Bauteile eines nationalen Systems gesellschaftlich gestaltet, kontextuell definiert und durch historische Umstände geprägt“ (Chang 2004: 46).

Als Hauptprozess für diese Divergenzthese werden pfadabhängige Entwicklungen in den Ländern gesehen. Die Anfänge von Institutionalisierungsprozessen sind meist zufällig und nicht genau auszumachen. Da Institutionen verstärkende Prozesse in ihrem Dasein und ihrer Wirkungsweise ständig selbst reproduzieren, sind einmal eingeschlagene Pfade nur schwer zu verlassen. Pfadabhängigkeit zeichnet sich durch eine langfristige Herausbildung von sozialen, politischen und kulturellen Akteuren aus, wenngleich deren Effizienz unangetastet bleibt. Dies heißt, dass es unterschiedliche Problemlösungsstrategien für das gleiche Problem gibt, dieses Problem aufgrund unterschiedlicher institutioneller Kontexte auch verschieden gelöst werden kann, man also von strategischer Diversität sprechen kann (vgl. Midttun et al. 2003: 184 ff., Chang 2004: 46 f.).

## 4.4 Zusammenfassung - Erfassungsmangel II

Der NBS-Ansatz als Gegenstück zum makroinstitutionalisitischen Ansatz des Neo-Institutionalismus geht von einem methodologischen Nationalismus aus. Der Nationalstaat wird als diejenige Einheit aufgefasst, die das Handeln der Akteure strukturiert, und der gesellschaftliche Kontext als diejenige Umwelt, auf deren Basis aussagekräftig das Verhalten zurückzuführen ist.

Der theoretische Rahmen eignet sich sehr gut für komparative Studien über Nationalstaaten, die sich anhand verschiedener Dimensionen und Variablen unterscheiden oder ähneln. Vorangestellt werden muss, dass es sich meist um idealtypische Unterscheidungen handelt, die in ihrer Gesamtheit nur näherungsweise erfasst werden können.

Als Limitierung des NBS-Ansatzes kann sehr deutlich die globale oder transnationale Perspektive gesehen werden. Die Adaptionsmechanismen, die beim NBS-Ansatz als enge Verknüpfung von nationalen Institutionen und dem NBS gesehen werden, berücksichtigen die Übernahme von transnationalen Mustern und Best-Practices nicht. Die Interaktion zwischen transnationalem und nationalem Wirtschaftsgeschehen wird ausgeklammert und nicht näher untersucht. Im Gegensatz dazu wird im Neo-Institutionalismus die globale Diffusion von Mustern durch Isomorphie hervorgehoben. Unklar hierbei ist, wie die vorgegebenen hochlegitimierten rationalen Mythen Eingang in die Praxis der Akteure finden. Nationale Besonderheiten werden hier ausgeklammert und ein unidirektionaler Weg zu mehr Konvergenz und Homogenität als einzige Form der Anpassung gesehen.

Im Folgenden wird nun eine Gegenüberstellung der beiden Ansätze, des Neo-Institutionalismus und des NBS-Ansatzes, erfolgen. Dies wird entlang dreier Dimensionen, der Untersuchungseinheit, des Institutionenbegriffs und der Sichtweise von Organisationen, geschehen.

Die *Untersuchungseinheit* ist beim NBS-Ansatz immer an nationale Grenzen gebunden, da der Nationalstaat die einflussgebende Größe ist. Es können jeweils nur Einheiten untersucht werden, deren Aktivitäten an Ländergrenzen halt machen. Der Neo-Institutionalismus geht von organisationalen Feldern als Untersuchungseinheiten aus, wobei die zu untersuchenden Einheiten sehr wohl transnational agieren können. Dennoch werden die nationalen Einflüsse auf die Akteure marginalisiert.

Der *Institutionenbegriff* differiert ebenfalls zwischen den beiden Ansätzen. Der NBS-Ansatz stützt sich auf strukturell-regulative Institutionen wie den Staat, das Finanzsystem, das Aus- und Weiterbildungssystem sowie Vertrauens- und Autoritätsbeziehungen. Auch wenn für Whitley die kulturelle Dimension eine Rolle spielt, wird sie nicht in angemessenem Maße mitbehandelt und hat nur geringen Einfluss. Limitierungen treten dementsprechend auf, da der Einfluss von supranationalen Institutionen außer acht gelassen wird. Die Diffusion von normativen und kognitiven Mustern durch globale Akteure spielt keine Rolle. Der Neo-Institutionalismus stützt sich auf genau diese normativen und kognitiven Institutionen. Organisationale Vorgaben, Denkweisen und Praktiken erwachsen daraus. Als Problem hierbei kann die Entkopplung von tatsächlichem und vorgegebenem Verhalten gesehen werden, also die Unterscheidung zwischen Formalstruktur und day-to-day-work. An diesem Punkt kann es aufgrund von nationalen Übersetzungen und Interpretationen zu erheblichen Abweichungen von den vorgegebenen rationalisierten Mythen kommen. Diese nationalstaatlichen Interpretationen werden als Entkopplung gesehen, können allerdings nicht erklärt werden.

*Organisationen* werden in beiden theoretischen Richtungen als passiv dargestellt. Der NBS-Ansatz nimmt enge Feedback-Beziehungen zwischen nationalen Institutionen und Organisationen an, schließt jedoch die Möglichkeit aus, zu erkennen, wie vorgegebene organisationale Strukturen und Praktiken übernommen werden. Der Neo-Institutionalismus als sehr deterministische Sichtweise schließt ein interessengeleitetes Handeln der Organisationen nahezu aus, das einzige Interesse ist die Legitimierung gegenüber anderen. Es kann gesagt werden, dass hier eine übersoziale Sichtweise auf die Akteure eingenommen wird. Die lokale Einbettung, Interpretation und Implementierung von Praktiken wird außer Acht gelassen (vgl. Tempel/Walgenbach 2007).

Jede der beiden Theorien hat Grenzen hinsichtlich ihres Untersuchungsbereiches, der Reichweite ihrer Erklärungen und der Einflüsse, die sie verarbeitet. Für die Forschungsfrage der vorliegenden Arbeit, den SRI-Markt in Deutschland und Großbritannien, sind beide theoretischen Ansätze wichtig. Um den SRI-Markt als Untersuchungsgegenstand zu fassen und mögliche Erklärungen für eine divergente oder eine konvergente Entwicklung zu erhalten, ist ein einzelner Ansatz nicht genug. Beide Ansätze sind fruchtbar in verschiedenen Punkten, eine jeder für sich kann jedoch nicht den SRI-Markt als Untersuchungsgegenstand fassen. Die jeweiligen theoretischen Ansätze entfalten jeweils Erklärungskraft für eine Richtung in der Entwicklung auf dem SRI-Markt. Der Neo-Institutionalismus führt in hohem Maße plausibel aus, dass es eine Angleichung der Akteure an weltweit legitimierte Muster und Konzepte gibt. Der NBS-Ansatz setzt auf eigene, nationalstaatlich gewachsene Muster, die durch pfadabhängige Entwicklungen beibehalten werden, so dass es zu keiner Angleichung kommt und somit zu einer divergenten Entwicklung auf dem SRI-Markt. Um diese Annahmen zu prüfen, wird im Folgenden der Untersuchungsgegenstand, der SRI-Markt, vorgestellt.

# 5 SOCIAL RESPONSIBLE INVESTMENT – BEGRIFFSBESTIMMUNG UND -ABGRENZUNG

Die Begrifflichkeit des Sozial Verantwortlichen Investierens unterliegt bis heute einer Debatte um die richtige Definition. Dies ist einerseits die Folge einer nationalstaatlich unterschiedlichen Betrachtungsweise hinsichtlich der Bedeutung des Begriffes und wie er verwendet wird, andererseits spiegelt SRI ein Paradoxon wider, welches als begriffsimmanent bezeichnet werden kann.

Zum Paradoxon: der Finanzmarkt, der vorrangig wirtschaftlichen Interessen dient und dessen originäre Aufgabe die Bereitstellung von Liquidität für Unternehmen ist, ist nicht darauf ausgelegt, in welcher Weise auch immer „sozial" oder „verantwortlich" zu handeln. Nach Niklas Luhmann ist das Wirtschaftssystem ein autonomes Subsystem der Gesellschaft, welches selbstreferentiell und autopoietisch operiert. Das Kommunikationsmedium ist Geld und der Code, durch den kommuniziert wird, ist Zahlen-Nichtzahlen (vgl. Morel et al. 2001: 218 ff.). Der Finanzmarkt als hochtechnisierte und -abstrakte Entität verkörpert das Wirtschaftssystem in seiner Reinform. Die Begriffe „sozial" oder „Verantwortung" können nicht mittels des Kommunikationsmediums und des Codes abgebildet werden. Somit sind diese Begriffe für den Finanzmarkt erstmal nicht fassbar.

Dennoch hat über den Begriff Corporate Social Responsibility (CSR) soziales und verantwortliches Handeln von Unternehmen Eingang in die Wirtschaft gefunden. Der innere Widerspruch von gesellschaftlich verantwortlichem Handeln und kapitalmarktorientierten Unternehmen wird durch verschiedene theoretische Ansätze unterschiedlich, wenn auch nicht völlig, gelöst.

Aus wirtschaftswissenschaftlicher Sicht kann argumentiert werden, dass Unternehmen, die nachhaltig wirtschaften, ihre Arbeitnehmer einbinden und ihnen über die reine Arbeitgeber-Arbeitnehmerbeziehung hinaus ein soziales Umfeld schaffen, auf längere Sicht profitabler sind, da sie ihre gemeinschaftliche Verankerung zu einem festen Bestandteil der Gesellschaft macht. Der fundamentale theoretische Widerspruch löst sich jedoch nur dann auf, wenn „sich gesellschaftlich verantwortliches Handeln betriebswirtschaftlich rechnet" oder wenn „die Kapitalmarktakteure selbst dieses Handeln einfordern" (Hiß 2007: 10).

Aus unternehmensethischer Sicht werden Firmen, deren Handeln über eine reine Gewinnorientierung hinausgeht – meist sind es Familienunternehmen – von einer Person oder einem Personenkreis geführt, die nach eigenen ethischen und moralischen Maßstäben und Grundsätzen handeln. Diese „ethische" Gesinnung ist dann als Individualethik in der Führungsperson angesiedelt, wobei die intrinsisch verankerte individuelle Neigung die Triebfeder für das Handeln des Unternehmens darstellt. Die Umstellung von vielen Unternehmen zu Aktiengesellschaften macht diesen Ansatz jedoch zunichte, da im Zuge dessen eine Vielzahl von Eigentümern den Kurs eines Unternehmens bestimmt, bzw. das Management aufgrund der Besitzstruktur oft die kurzfristige Gewinnoptimierung über nachhaltige Logiken stellt.

Aus der in dieser Arbeit vertretenen soziologisch-institutionalistischen Sichtweise sind es allgemeine gesellschaftliche Erwartungen, die Akteure – in diesem Fall Unternehmen – dazu veranlassen, sozial verantwortlich zu handeln (vgl. Streeck/Thelen 2005). Durch die Konstruktion von allgemeinen Regeln (vgl. Meyer/Boli/Thomas 2005: 18) wird eine kausale handlungsrelevante Kraft entfaltet (vgl. Senge 2006: 38 ff.), die sich über regulative, normative und kognitive Institutionen ausdrückt (vgl. Scott 1995). Diese institutionalisierten Erwartungen, die sich auf globaler Ebene als rationalisierte, hochgradig legitimierte Mythen manifestieren (vgl. Meyer/Rowan 1977, Scott 1983), sind dazu befähigt, isomorphe Prozesse bei Akteuren hervorzurufen. Aus dieser Perspektive ist soziales Handeln von Unternehmen so zu sehen, dass einer gesellschaftlich konstruierten Erwartungshaltung nachgegeben wird, um sich selbst als Teil dieser Gesellschaft zu legitimieren.

Somit ist festzuhalten, dass sich sozial verantwortliches Handeln in der Wirtschaft entweder betriebswirtschaftlich rechnen muss, persönliche Moral- und Wertvorstellungen das Handeln bestimmen oder gesellschaftlicher Druck die Triebfeder ist.

Weiter kann unterschieden werden zwischen strukturell moralischen Anlagen und reinen moralischen Anlagen.

Bei strukturell moralischen Anlagen am Finanzmarkt, meist über Aktien von Unternehmen, ist die Rendite vorrangiges Ziel der Anleger. Um über diese Rendite hinaus andere Faktoren in die Anlageentscheidung mit einzubeziehen, muss sich dies betriebswirtschaftlich rechnen. Wenn durch die Miteinbeziehung von anderen Faktoren als den konventionellen eine verbesserte Rendite erreicht wird, so kommt man wieder dazu, dass diese anderen Faktoren nur deshalb in die Anlageentscheidung mit einfließen, um eine Gewinnoptimierung zu erreichen. Dies hat also in erster Linie wenig mit sozialem oder verantwortlichem Handeln zu tun. Somit ist die strukturell moralische Anlage intentional gewinnorientiert.

Bleibt die reine moralische Entscheidung für Anlagen, die durch Moral- und Wertvorstellungen und gesellschaftliche Einflüsse zum Tragen kommt. Hier werden Gewinneinbußen bewusst in Kauf genommen und die Rendite als sekundäres Ziel verortet. Da sich Moral- und Wertvorstellungen über viele Bereiche des öffentlichen Lebens erstrecken, können Anlageentscheidungen, die diesen Vorstellungen entsprechen, auch auf sehr unterschiedliche Weise getätigt werden. Werden diese Moral- und Wertvorstellungen global legitimiert und akkumulieren sie sich zu Mythen, kommt es zur Ausprägung einer Bewegung, die sich zwar auf einen Kern beruft, jedoch unterschiedliche Facetten aufweist. Dies wird in der Vielzahl von Begriffen deutlich, die im Bereich SRI Gebrauch finden.

> "SRI, a generic term covering ethical investments, responsible investments, sustainable investments, and any other investment process that combines investors' financial objectives with their concerns about environmental, social and governance (ESG) issues" (EUROSIF 2008a: 6).

Als Responsible Investment (RI) ist der Bereich gemeint, in dem vor allem institutionelle Investoren den langfristigen Einfluss von ESG-Kriterien in ihre Portfolioanalyse mit einfließen lassen. Dieser Bereich ist, aus oben genannten Gründen, sehr stark mit konventionellen Finanzanalysen verwoben, da aufgrund der Aufnahme von ESG-Kriterien eine verbesserte Renditeerwartung angenommen wird (vgl. EUROSIF 2008a: 6).

Der Bereich des Sustainable Investments (SI) rückt den Nachhaltigkeitsaspekt in den Vordergrund, und Anleger versuchen mittels Analyse von neuen Realitäten[10], die sich in der Umwelt und in der Gesellschaft darstellen, langfristig ihre Rendite zu sichern. Als Unterscheidung zum RI kann ein verstärkter Fokus auf die Veränderung der Umwelt gesehen werden. Anhand einer Analyse der kommenden Herausforderungen in diesem Bereich wird das Portfolio erstellt. Themenfonds, die sich auf

10 Neue Realitäten sind neue Trends in der Wirtschaft oder im Konsumverhalten, genauso wie politische Neuerungen oder Umweltherausforderungen.

Umwelttechnik spezialisiert haben, sind hier zu nennen (vgl. EUROSIF 2008a: 6; 2008b).
SRI bezieht sich immer auf wenigstens eines der ESG-Kriterien:

1. die *Umweltdimension* als nachhaltiges Wirtschaften, was die Umwelt schont. Der Fokus liegt hier auf einer Investition in alternative Techniken, die ressourcenschonend arbeiten und den Umgang mit endlichen Rohstoffen effizienter gestalten sollen.

2. die *soziale Dimension* zeigt sich durch die Einbettung von Unternehmen in die Gesellschaft und damit die Verankerung in einem lokalen Kontext. Unternehmen können über ihre unternehmerische Tätigkeit hinaus Wert auf das Wohl ihrer Mitarbeiter legen, indem sie z. B. Betreuungsplätze für die Kinder von Mitarbeitern einrichten, Weiterbildung von Mitarbeitern fördern oder die Wohnungssituation im nahen Umfeld positiv beeinflussen.

3. Die *governance-Dimension* hebt den Umgang mit Mitarbeitern und Angestellten sowie die Beziehung zu Zulieferern hervor. Hier ist zu fragen, wie ein Unternehmen geführt wird und durch welche Anreize Hierarchien durchgesetzt werden. Unternehmen können sich hinsichtlich Löhnen, Arbeitnehmerrechten und Arbeitsstandards an gesetzliche Vorschriften halten und sogar darüber hinausgehen, oder aber im negativen Sinne Niedriglöhne zahlen, keine Arbeitnehmerrechte zulassen und Arbeitsstandards schleifen.

Die Bewertung von Firmen hinsichtlich dieser drei Dimensionen ist der Maßstab für eine Anlageentscheidung, die als sozial verantwortlich gesehen wird. Das Miteinbeziehen dieser Kriterien ist der fundamentale Unterschied von SRI zu konventionellem Investieren auf dem Finanzmarkt.

Die Begrifflichkeit des „sozial verantwortlichen Investierens" unterlag lange Zeit einer Diskussion, die sich in den letzten Jahren aufgrund der Bildung von regionalen „Social Investment Forums" (SIFs) teilweise aufgelöst hat. Bis Ende der 1990er Jahre war der Begriff „ethisches Investment" vorherrschend. Der Begriff ist älter als der SRI-Begriff und wurde im Frühstadium des Investierens mit ESG-Screenings[11] angewandt.

11 Als *Screening* wird das Auswahlverfahren, das zur Anlage in ein bestimmtes Portfolio führt, bezeichnet. ESG-Screening heißt, dass nach ökologischen, sozialen und Governance-Kriterien ausgewählt wird, welche Unternehmen in ein Portfolio übernommen werden.

> „Ethical investors care not only about the size of their prospective financial return and the risk attached to it, but also its source – the nature of the company's goods or services, the location of its business or the manner in which it conducts its affairs" (Cowton 1994: 215).

Somit unterscheiden sich die beiden Begriffe SRI und Ethisches Investment auf den ersten Blick nur marginal. Dennoch wurde in den letzten Jahren der Begriff SRI bevorzugt. Dies hat mehrere Gründe.

> "To describe something as ethical conveys certain principles of altruism, of self-sacrifice, of a normative and systematic code of conduct. In other words, to describe behavior as 'ethical' implies a desire to help others even at a cost to oneself. It also implies the existence of a set of consistent general principles that guide and influence behavior" (Sparkes 2001: 198).

Somit können Einwände gegen diese Begrifflichkeit entlang zweier Argumentationen erhoben werden. Universal-ethische Standards enthalten zu breite Kategorien und erzeugen daher unintendierte Nebenfolgen. So leben wir in einer pluralistischen Gesellschaftsordnung sowohl auf nationaler als auch auf globaler Ebene. Universalistische moralisch-ethische Standards sind auf keiner Ebene durchsetzungs- oder wünschenswert. Dies würde die individuelle Freiheit des Einzelnen im Kern beschneiden. So beteiligen sich einige Fonds an Unternehmen, die neue Medikamente entwickeln. Dies führt zu verbesserten Behandlungen von Krankheiten und zu mehr Heilungschancen für Menschen, die an einer bestimmten Krankheit leiden. Auf der anderen Seite legen Fonds bewusst nicht in pharmazeutische Firmen an, da auf dem Weg der Erprobung der Medikamente häufig Tierversuche gemacht werden. Da Tierversuche von der Klientel als unethisch wahrgenommen werden könnten, werden Firmen, die auf diesem Wege Medikamente entwickeln, bewusst aus dem Portfolio genommen. Somit sind ethische Kriterien nicht standardisierbar und deshalb nicht flächendeckend anwendbar (vgl. Sparkes 2001: 198).

Darüber hinaus kann von rein altruistischem Verhalten bei der Anlage in SRI-Produkte keine Rede sein, da Fonds immer versuchen, die maximale Rendite zu erwirtschaften und ein Anlegen in Aktien oder Fonds nur nachrangig dazu dienen kann, globale Verbesserungen zu erzielen. Zwar können Gewinneinbußen in Kauf genommen werden, falls negatives Screening dazu führt, dass der maximal mögliche Gewinn nicht erreicht wird, dennoch kann dies nur schwer als altruistisches Verhalten gedeutet werden.

Das Aufkommen von SIFs in den vorherrschenden Wirtschaftsregionen und den dazugehörigen Nationalstaaten hat der Begriffsdiskussion ein Ende bereitet. Es werden ausschließlich die Begriffe des Social

Responsible Investments (EU, USA) oder des Responsible Investments (Australien) verwendet, wobei die Definitionen sich weitgehend gleichen.

> "Responsible investment is an umbrella term to describe an investment process which takes environmental, social, ethical or governance considerations into account. The process stands in addition to, or is incorporated into the usual fundamental investment selection and management process" (RIAA 2008: 6).

In der Literatur, vor allem vor dem Jahr 2000, werden auch Begriffe wie Social Direct Investment (SDI) oder Social Investment (SI) gebraucht. Für die weitere Analyse wird im Folgenden der Begriff des SRI verwenden, da er der umfassendste und in der wissenschaftlichen Gemeinde am meisten legitimierte ist. Doch wie entwickelte sich diese nachhaltige Anlageform?

## 5.1 Historische Wurzeln

Erste Versionen von ethischem Investment sieht Schwartz (2003) bereits in der jüdischen Gesetzgebung, die 3500 Jahre zurückreicht. Es ist Juden verboten, an der Produktion oder dem Verkauf von nicht-koscherem Essen zu verdienen – weder als Besitzer des Unternehmens noch als Teilhaber. Juden ist es in keiner Weise erlaubt, an wirtschaftlichen Aktivitäten beteiligt zu sein, die ethische, moralische oder religiöse Grundsätze verletzen. Des Weiteren ist es verboten, unnötig Pflanzen zu beschädigen, Wasser oder Luft zu verschmutzen, Wucherzinsen zu verlangen oder offensiv einsetzbare Waffen zu produzieren oder zu verkaufen (vgl. Schwartz 2003: 96). Auch das Zinsnahmeverbot durch die katholische Kirche im Mittelalter kann in diesem Zusammenhang erwähnt werden. Dennoch sind diese Ansätze nicht als SRI zu werten und als ethisches Handeln auf dem Finanzmarkt nur begrenzt. Vielmehr kommen hier religiöse Grundannahmen über das Funktionieren einer Gesellschaftsordnung zum Tragen, wie es sie auch in den meisten anderen „großen" Weltreligionen gibt.

Dennoch sind es vor allem religiöse und kirchliche Gruppen, die den Gedanken des SRI heute in ihr Wirtschaftsverhalten integrieren (vgl. Sparkes 2001, Louche/Lydenberg 2006, Louche 2004, Kreander/McPhail/Molyneaux 2004, Cowton 1994, Schwartz 2003). Vor allem die Methodisten und Quaker in den USA haben strenge Glaubensvorschriften, die es ihnen verbieten, mit ethisch zweifelhaften Methoden Geld zu verdienen.

> "For hundreds of years, many religious investors whose traditions embrace peace and non-violence have actively avoided investing in compa-

> nies that profit from products designed to kill fellow human beings. Many avoid the 'sin'-stocks – those companies involved in the alcohol, tabacco and gaming industries. Ethical investment was principally a movement led by the church" (Louche 2004: 144).

Diese kirchlichen Gruppen waren es auch, die die ersten Fonds auflegten. So wurde 1928 in den USA das erste professionelle Screening der Pioneer Fund Group durchgeführt, wobei Unternehmen, die Alkohol oder Tabak herstellten oder in anderer Weise am Wertschöpfungsprozess beteiligt waren, exkludiert wurden. Für die breite Masse der Anleger war dieses Geschäftsmodell hingegen weiterhin uninteressant. Dies änderte sich ab Mitte der 1960er Jahre mit dem Widerstand gegen den Vietnam-Krieg und das Apartheidsregime in Südafrika. Besorgte Investoren weigerten sich, in Firmen anzulegen, die vom Vietnam-Krieg in irgendeiner Weise profitierten. Die Bewegung breitete sich aus, als Investoren gezielt versuchten, Investitionen in Südafrika zu vermeiden. So wurde gezielt nicht in Unternehmen aus diesem Land angelegt. Auch wurde versucht, durch Aktionärsresolutionen Unternehmen davon abzuhalten, in Südafrika zu investieren, oder die Unternehmen wurden angehalten, sich aus diesem Land zurückzuziehen. Ab 1980 kam es zu einem Take-off, als sich staatliche Stellen einschalteten. So wurden in den Staaten Massachusetts und New York Rentenfonds dazu aufgerufen, die Situation in Südafrika bei ihren Anlagen zu berücksichtigen.

Es kam ab Mitte der 1960er Jahre aufgrund von verschiedenen politischen Bewegungen, die ihre moralischen und ethischen Ansichten verteidigten, zu einer verstärkten gesellschaftlichen Wahrnehmung für die Forderungen von Gruppen mit Wertvorstellungen. 1965 wurde als erster europäischer ethischer Fond der „Ansvar Aktiefond Sverige" in Schweden aufgelegt. Beteiligt hierbei war die Kirche der Baptisten und eine soziale Bewegung (Temperance Movement), die absolute Alkoholabstinenz fordern. Produzenten von Alkohol, Waffen und Tabak wurden exkludiert. Dies war der erste ethische Fond, der der Öffentlichkeit zugänglich war (vgl. Bengtsson 2007, Cowton 1994). Bei der Einrichtung dieses Fonds spielten religiöse Bedenken eine tragende Rolle. Auch in Großbritannien wurde ab 1948 von der Church of England nach ethischen Kriterien angelegt. 1960 wurde ein Fond aufgelegt, der jedoch der Öffentlichkeit nicht zugänglich war und von dem wiederum Firmen exkludiert wurden, die in Alkohol, Tabak, Glücksspiel und Waffen tätig waren. Später wurde aufgrund des Apartheidsregimes in Südafrika dieses Land gemieden (vgl. Kreander et al. 2003: 409 f.).

Die Anti-Kriegs-Bewegung in Folge des Vietnam-Krieges, das Apartheidsregime in Südafrika, die Bürgerrechtsbewegung in den USA und das Aufkommen der Anti-Atomkraft-Bewegung und anderer Umweltschutzbewegungen veränderten das soziale Bewusstsein und führten dazu, dass eine globale ethische Gesinnung als individueller Standpunkt auch im Investmentbereich ankam (vgl. Louche 2004: 144 f.). Social Responsible Investment befreite sich ab Ende der 1960er Jahre von einer rein religiösen Fundierung und führte zur Öffnung dieses Bereichs für eine breite Öffentlichkeit.

Von der einstigen reinen Vermeidung von ethisch fragwürdigen Geschäftspraktiken von Unternehmen wurde nun mehr und mehr versucht, durch gezielte Beeinflussung der Firmen eine Veränderung der Unternehmenspolitiken zu bewirken. Die moderne Form des SRI besteht seither zum einen aus einer Öffnung der Fonds für eine breite Masse von Anlegern und zum anderen in einer Neujustierung der Ziele.

> "The modern forms of SRI that have emerged in Europe and the United States since the 1970s and 1980s have modified and built on many of the underlying principles of their more religious precursors. In particular, they have placed an increasing emphasis on using the investment process as a means to change and improve the behavior of specific corporations on social and environmental issues. Religious groups have had previously simply avoided objectionable companies without seeking reform in corporate behavior" (Louche/Lydenberg 2006: 6).

In Deutschland entwickelte sich SRI aus der Friedens- und Umweltbewegung ab Mitte der 1970er Jahre. 1974 wurde die alternative GLS-Gemeinschaftsbank (Gemeinschaftsbank für Leihen und Schenken) gegründet. Diese Universalbank investierte mit ihren Kunden ausschließlich in „wirtschaftliche, ökologische, soziale und sozial sinnvolle Projekte" (GLS Bank 2010).[12] Erst im Jahr 1989 wurde der erste SRI-Fond in Deutschland aufgelegt.

In Großbritannien spielte die Kirche eine herausragende Rolle. Neben den Methodisten und Quakern befasste sich auch die Church of England mit ethischer Anlage auf dem Finanzmarkt. 1984 wurde der Friends Provident Stewardship Fund aufgelegt, der bis heute starke Beziehungen zu den Quakern unterhält. Im weiteren Verlauf wurden vor allem Fonds,

---

12 Anzumerken ist, dass in Deutschland nicht zuerst ein SRI-Fond aufgelegt, sondern eine Bank gegründet wurde, die den Nachhaltigkeitsaspekt auf dem Finanzmarkt unterstützte. Dies kann in der Hinsicht ausgelegt werden, dass der Bankensektor im Gegensatz zum Finanzmarkt bis Ende der 1990er Jahre in Deutschland eine sehr starke Rolle gespielt hat. Der Finanzmarkt war und ist bis heute im Gegensatz zu den Finanzmärkten in den USA oder UK unterentwickelt. Die Finanzierung der Unternehmen nicht über den Finanzmarkt, sondern über Bankenkredite war gängige Praxis.

die individuellen ethischen Kriterien entsprachen, für die Öffentlichkeit zugänglich gemacht. Im Gegensatz zu Deutschland, wo die Ökologiebewegung einen großen Anteil bei der Entwicklung von SRI hatte, waren es in Großbritannien eher Menschenrechtsbewegungen und politische Gründe, die die SRI-Bewegung begründeten (Kreander et al. 2003, Louche/Lydenberg 2006).

Es ist festzuhalten, dass es von einem bis Ende der 1970er Jahre überwiegend religiös motivierten Verständnis von SRI einen Schwenk hin zu einem neueren Verständnis von SRI gegeben hat. Kirchliche Gruppen gründeten den Gedanken, ethische Vorstellungen auf den Finanzmarkt zu tragen, um so ihr Verständnis für eine bessere Welt ökonomisch fassbar zu machen. Zu rein ethischen Kriterien kamen dann schnell ökologische und politische Kriterien hinzu. Arbeitnehmerrechte, die Rechte der Frauen in Unternehmen und Staaten mit fragwürdigen Regierungen (Südafrika) wurden ins Zentrum der Anlageentscheidung gerückt. Fortan wurden fragwürdige Unternehmen nicht mehr einfach aus dem Portfolio genommen, sondern vielmehr versucht, gezielt Einfluss auf deren Unternehmenspolitik auszuüben.

**Abbildung 3: Modernes SRI**

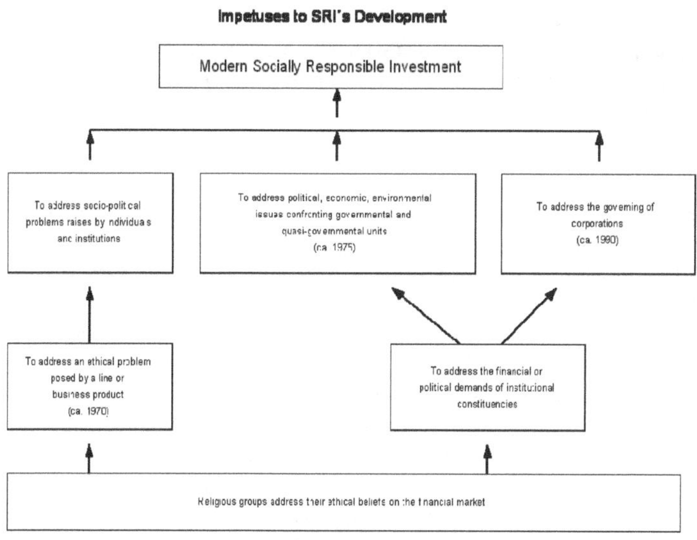


Quelle: Kinder, Peter D. 2005: "Socially Responsible Investing": An Evolving Concept In A Changing World. KLD Research & Analytics.

## 5.2 SRI als organisationales Feld - Akteure

In den Ausführungen zu organisationalen Feldern wurde vor allem auf drei Autoren eingegangen, die organisationale Felder in dem Sinne definieren, dass der SRI-Markt als ein transnationales organisationales Feld aufgefasst werden kann. Dies sind DiMaggio/Powell (1983) und Scott (1994).

DiMaggio/Powell fassen organisationale Felder wie folgt auf:

> "By organizational fields, we mean those organisations that, in the aggregate, constitute a recognized area of institutional life: key suppliers, resource and product consumers, regulatory agencies, and other organizations that produce similar services or products" (DiMaggio/Powell 1983: 148).

Weiter muss das Feld dadurch institutionell definiert sein, dass es zu einer Zunahme der Interaktionsdichte zwischen den Akteuren, einer Zunahme des Informationsaufkommens innerhalb des Feldes, zu eindeutigen Mustern von Herrschaft und Koalition und zu einer gegenseitigen Wahrnehmung der Akteure kommt (vgl. DiMaggio/Powell 1983: 148).

Scott geht in seinen Ausführungen über die reine Ausbildung von Akteuren hinaus und verweist auf gemeinsame Glaubens- und Symbolsysteme, auf die Natur von Herrschafts- und Governancesystemen und den Strukturierungsgrad von Feldern (Scott 1994: 207 f.). Doch bevor auf die Gesamtsystemebene des SRI-Marktes eingegangen wird, stellt sich die Frage nach den Akteuren und deren Vernetzung im SRI-Markt.

### 5.2.1 SRI-Fonds

Von konventionellen Fonds unterscheiden sich SRI-Fonds dadurch, dass am Finanzmarkt nicht das gesamte Anlageuniversum genutzt wird, sondern mittels positivem oder negativem Screening Unternehmen aus einem möglichen Portfolio aufgenommen oder exkludiert werden.

Dabei gibt es verschiedene Arten von Fonds. Zu unterscheiden ist zwischen geschlossenen und offenen Fonds. Diese Unterscheidung basiert auf der Form der Kapitalbeschaffung. Bei geschlossenen Fonds werden einmalig bei Auflage des Fonds die Anteilsscheine ausgegeben. Sobald alle Anteile veräußert sind, wird der Fond geschlossen. Es können keine weiteren Anteile mehr gekauft, sondern nur bereits bestehende Anteile auf dem Zweitmarkt an Dritte verkauft werden. Diese Form der Kapitalanlage wird vor allem bei Spezialprojekten bevorzugt. Ein bestimmtes Projekt wird in Angriff genommen und die Geldgeber beteiligen sich daran. Wird das Projekt zu einem Erfolg, werden hohe Renditen ausbezahlt. Ist dies nicht der Fall, haben Anteileigner oft das Problem, ihre Anteile weiterzuverkaufen, da der Fonds die Anteile nicht mehr zurücknimmt. Vor allem im Immobiliensektor wird diese Art der Geldanlage getätigt.

Bei offenen Fonds können jederzeit Anteilsscheine erworben werden. Das Anlagevermögen ist somit nicht stabil. Werden immer mehr Anteile verkauft, wird das Kapital in Anlagewerten (z. B. Aktien, Immobilien) angelegt. Es können auch Anteile wieder an den Fond rückverkauft werden, was dann zu einer Minderung des Kapitalbestandes des Fonds führt.

Des Weiteren kann hinsichtlich des Kreises der Anleger unterschieden werden. Es gibt sowohl Publikumsfonds als auch Spezialfonds. Grundsätzlich sind die Mehrzahl der Fonds Publikumsfonds. Dies heißt, dass die Öffentlichkeit Zugang hat und jede natürliche Person Kapital anlegen darf. Demgegenüber stehen die Spezialfonds, die nicht der Kapitalmarktöffentlichkeit zugänglich sind. Hier sind hohe Mindestanlagevolumina festgelegt und nur institutionelle Investoren haben Zugang. Institutionelle Anleger sind kirchliche Verbände, Pensionskassen, Versicherungsunternehmen, Stiftungen und KGs, die individuelle Anlageziele verfolgen.

SRI-Fonds legen neben konventionellen Anlagekriterien, wie die Performance und Renditeerwartung von Unternehmen oder Indizes, weiche Kriterien an, um ihr Portfolio auszuwählen. Dies ist ein komplexer Prozess, bei dem unterschiedliche Akteursgruppen innerhalb und außerhalb der Fondsgesellschaft mitwirken. Neben den Fondsmanagern werden innerhalb der Fondsgesellschaft beratende Komitees eingerichtet, die zuallererst die Anlagephilosophie und damit die Kriterien festlegen, nach denen der Fonds operiert. Dies können sehr strikte ethische Kriterien sein, oder weitgefasste. Es kann ein Themenfonds eingerichtet werden, der sich nur auf bestimmte Sektoren oder Technologien ausrichtet. Es können ökologische, soziale oder politische Auswahlkriterien mit einfließen. Wenn diese Kriterien, die sowohl positiv als auch negativ sein können, verabschiedet sind, werden Informationen über das Investmentuniversum eingeholt. Dies wird meist ausgelagert und in Zusammenarbeit mit Ratingagenturen gemacht. In Großbritannien ist die Agentur EIRIS zu nennen, in Deutschland die Agenturen OEKOM und IMUG. Diese Agenturen stellen aufbereitete Informationen über die CSR-Leistungen von Unternehmen zur Verfügung. Gleichzeitig betreiben die großen Fondsgesellschaften noch eigenes In-House-Research, das die Unternehmen bewertet. Wenn eine Auswahl getroffen und das Kapital in verschiedene Anlageformen investiert ist, erfolgt der zweite Schritt, das Monitoring. Im

Monitoringprozess werden die Anlagen hinsichtlich ihrer Rendite wie auch hinsichtlich ihres Verhaltens überwacht. Werden Abweichungen von Unternehmen bezüglich dieser zwei Kriterien ausgemacht, muss intern neu verhandelt werden, ob die Investition in dieses Unternehmen noch der Philosophie des Fonds entspricht, oder ob ein Rückzug aus diesem Investment getätigt wird (vgl. Cowton 1999).

Um den komplexen Auswahlprozess und das Anwenden von positiven wie negativen Kriterien zu veranschaulichen, wird dies anhand eines Beispiels, des Friends Provident Stewardship Fund, herausgearbeitet.

### Friends Provident Stewardship Fund

Der Friends Provident Stewardship Fund ist einer der ersten SRI-Fonds, die in Europa aufgelegt wurden. Der Hintergrund ist die „Society of Friends" der Quaker, die mit der Versicherungsgesellschaft „Friends Provident" ein kirchennahes Unternehmen aufgebaut hat. 1984 wurde der Fonds aufgelegt und hatte am 31. 12. 2009 ein Anlagevolumen (AuM; Asset under Management) von 1080,3 Millionen Britische Pfund. Mehr als 250 000 Personen legen in diesen Fonds an (Friends Provident 2010a). Damit gehört er zu den volumenstärksten SRI-Fonds in Europa.

Die Investmentphilosophie deckt einen weiten Bereich von sozialer, ökologischer und politischer Verantwortung ab. Friends Provident hat drei Leitlinien bei seinem Anlageverhalten:

1. "Investing in companies whose products, services and operations make a positive contribution to society, and those which demonstrate a responsible attitude in all aspects of business, notably including their customers, employer, the communities in which they operate and in the environment".
2. "Avoiding investments in companies that do particularly harm, including those involved in the supply or production or armaments; or which operate irresponsibly, particularly with regard to the environment, human rights or animal welfare issues; or which are involved in the production of alcohol, tobacco or pornography; or in gambling".
3. "Using its influence as an investor to encourage companies in their efforts to improve management of environmental and social responsible issues" (Friends Provident 2010b).

Es werden sowohl positive als auch negative Kriterien bei der Auswahl der Investments angewandt. Positive Kriterien sind z. B.:

- "Offering products choices for ethical and sustainable lifestyles eg. fair trade, organic;
- Improving quality of life through the responsible use of new technologies;
- Good environmental management;
- Promotion and protection of human rights;
- Good employment practices" (Friends Provident 2009).

Als negative Kriterien gelten unter anderem:

- "Tobacco production;
- Gambling;
- Manufacturing and sale of weapons;
- Nuclear power generation;
- Poor environmental practices" (Friends Provident 2009).

Der komplexe Anlageprozess umfasst fünf weitere Schritte:

1. Analyse des Anlageuniversums: Mittels einer eigenen Datenbank und zusätzlichen externen Quellen (Ratingagenturen) werden Produkte und Anlageinstrumente ausgewählt.
2. Quantitative Filter: Es werden passive Anlageinstrumente verwendet, die auf einer langfristigen Vermögensaufbaustrategie und einer systematischen Diversifikation über Anlageklassen hinweg basieren.
3. Due Dilligence und quantitative Analyse: Potentielle Anlageinstrumente werden mit quantitativen Methoden genau sondiert, um das Potenzial bewerten zu können.
4. Auswahl: Es werden für jede Anlageklasse die optimalen Anlageinstrumente ausgewählt und so ein optimales Portfolio konstruiert.
5. Kontrolle: Der Markt wird ständig beobachtet, um mögliche Optimierungen frühzeitig vornehmen zu können (vgl. Friends Provident 2009).

**Abbildung 4: Auswahlprozess von Produkten in das Portfolio**

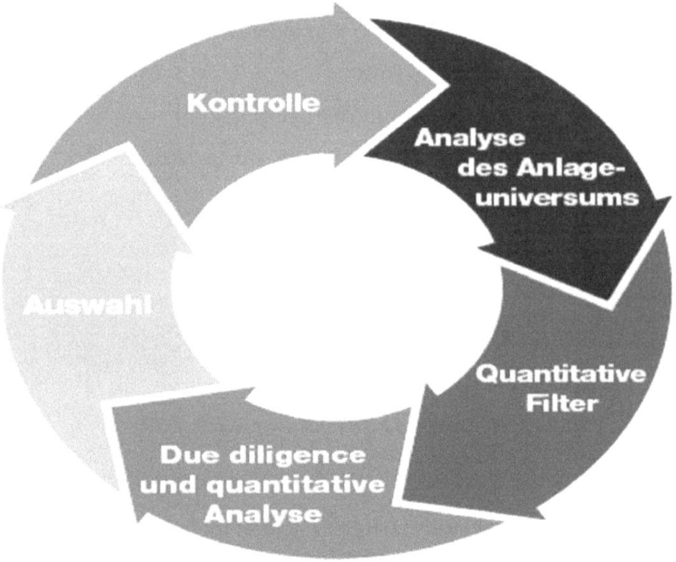

Kontrolle

Analyse des Anlage-universums

Quantitative Filter

Due diligence und quantitative Analyse

Auswahl

Quelle: Friends Provident (2009): Investieren ist eine komplexe Sache.

SRI-Fonds unterscheiden sich von konventionellen Fonds zum einen durch die Kriterien, die über die konventionellen Kriterien hinausgehen. Die Implementierung dieser Kriterien erfordert zusätzliche Forschungs- und Analysetätigkeit. Diese wird von den Fondsgesellschaften selbst und/oder in Zusammenarbeit mit externen Forschungseinrichtungen und Ratingagenturen vorgenommen. Zum anderen werden eher passive Anlagestrategien angewendet, was gleichbedeutend mit einem mittel- bis langfristigen Anlagehorizont ist. Dabei ist eine enge Verknüpfung von Ratingagenturen und Fondsgesellschaften zu verzeichnen.

Als dritter Unterscheidungspunkt sind verschiedene Screeningmethoden zu beobachten, mit deren Hilfe Fonds ihr Portfolio auswählen.

### 5.2.2 Screeningmethoden

Durch die Auswahl der Screeningmethoden wird die Philosophie eines Fonds festgelegt, denn verschiedene Ansätze führen zu verschiedenen

Positionen im Portfolio. Es wird unterschieden zwischen negativen Screenings, positiven Screenings und Shareholder Activism/Engagement.

Screeningmethoden sagen etwas über die Anlagephilosophie aus, da die Kriterien festgelegt werden, nach denen angelegt wird. Im Folgenden werden die einzelnen Methoden vorgestellt und anschließend einer kritischen Überprüfung unterzogen.

### Negatives Screening

Negatives Screening oder Exklusion meint, dass a priori von den Fondsmanagern durch festgelegte Kriterien bestimmte Industrien, Branchen, Unternehmen oder Staaten vom Portfolio ausgeschlossen sind. Kontroverse Geschäftsfelder oder Geschäftspraktiken werden vom Anlageuniversum entfernt und somit diesen Firmen oder Staaten kein Kapital zur Verfügung gestellt. Diese Vorgehensweise war am Anfang der SRI-Bewegung probates Mittel. Der Pax World Fund und der Dreyfus Third Century Fund, welche 1972 aufgelegt wurden, waren die ersten öffentlich zugänglichen Fonds, die mit negativen Screenings arbeiteten. So wurden „sin-stocks", wozu Alkohol, Glücksspiel und Militär zählten, aus dem Anlageuniversum genommen. Doch nicht nur Unternehmen, sondern auch Staaten können exkludiert werden. So wurde in den 1980er Jahren das Apartheidsregime in Südafrika von mehreren Fonds gemieden (vgl. Colle/York 2009: 85). Heute werden teilweise Unternehmen in Ländern gemieden, in denen die Todesstrafe vollzogen wird oder die das Kyoto-Protokoll ablehnen (vgl. Aßländer/Schenkel 2009: 51 f.). Vor allem in Europa sind reine negative Screenings als „narrow-minded" verschrien, da es sich hierbei um individuelle ethisch-moralische Prinzipien handelt, die scheinbar nicht mit den Logiken der Finanzmärkte übereinstimmen (vgl. Louche/Lydenberg 2006: 19).

### Positives Screening

Bei positiven Screenings werden nach vorher festgelegten Kriterien bestimmte Unternehmen, Branchen oder Staaten ausgewählt. Dieser Ansatz wird oft mit dem Best-in-Class-Ansatz verknüpft, wobei diejenigen Unternehmen, die in einer Branche am besten innerhalb des Kriterienkatalogs „performen", ausgewählt werden. Beispiel hierfür sind Themenfonds, wie sie vor allem in Deutschland gehandelt werden, die sich auf einen Industriesektor oder eine Branche spezialisieren. So gibt es bei Greenpeace verschiedene Fondsangebote, in die angelegt werden kann. Dies sind die Fonds Klimaschutz und Umwelttechnologie, Wald und Biotopschutz, Meeresschutz, Artenvielfalt und Tierschutz. Neben diesen Umweltschutzfonds screenen Fonds für regenerative Energiegewinnung oder Regionalfonds, die in bestimmten Regionen der Welt Projekte finanzieren, nach positiven Kriterien.

Diese zwei wertbasierten Ansätze sind die historisch originären Formen von SRI. EUROSIF hat diese zwei Formen – negatives Screening, falls es mit mehr als zwei Kriterien durchgeführt wird, und positives Screening –, die mittlerweile oftmals in Kombination auftreten, als „core"-SRI definiert. Anleger in diesem Bereich sind traditionell wertorientierte Individuen, Kirchen oder andere institutionelle Investoren, die in hohem Maße ethische Vorstellungen in ihr Investment einbringen wollen (vgl. Eurosif 2008: 7).

### Shareholder Activism/Engagement

Der dritte Ansatz, der nur teilweise unter den Begriff „Screeningmethoden" fällt, beinhaltet Methoden, als Anteilseigner eines Unternehmens die Unternehmenspolitik zu beeinflussen (vgl. Tkac 2006, Sjöström 2008, Logsdon/Van Buren 2008, 2009). Der Aktionär hält mittels seiner Aktien Anteile am Unternehmen und ist dementsprechend Miteigentümer. Je nach Größe seines Aktienpakets hat seine Stimme mehr oder weniger Gewicht. Für Aktionäre, die in SRI-Fonds investieren, steht nicht allein die finanzielle Rendite im Vordergrund, sondern auch soziale und/oder Umweltkriterien. Schließen sich nun mehrere Investoren zusammen, steigt deren Stimmgewicht auf der Jahreshauptversammlung. Teilweise wird nun versucht, das Unternehmen bzw. die Unternehmensführung dazu zu bewegen, bestimmte Unternehmenspraktiken, die die Investoren als notwendig empfinden, entweder zu vollziehen oder aber abzustellen. Es werden Resolutionen der Anteilseigner ausgearbeitet und diese vorgetragen bzw. der Unternehmensführung überreicht. Oft wird dieser Kampf als „David gegen Goliath" dargestellt, da einzelne Aktionäre oder Gruppen von Aktionären gegen das Management großer Konzerne ankämpfen.

Dennoch soll dieser Ansatz hier unter der Überschrift „Screeningmethoden" stehen, da diese aktivistische Haltung von Fonds oder Investoren auf das gleiche Ziel hinausläuft wie positive oder negative Screenings: Es wird versucht, Unternehmen dazu zu bewegen, ihre Unternehmenspolitik nach einer ethischen oder moralischen Blaupause auszurichten, die der Investor ausgearbeitet hat. Bei positiven wie negativen Screenings wird Unternehmen Kapital zur Verfügung gestellt oder entzogen, bei Shareholder Activism/Engagement wird aktiv versucht, die Unternehmenspolitik zu beeinflussen.

So hat als eine der ersten Gruppen das in den 1970er Jahren gegründete „Interfaith Center on Corporate Responsibility" (ICCR) versucht, über Aktionärsresolutionen Unternehmen dazu zu bewegen, sozialer zu handeln. Das ICCR, dem Aktivistengruppen, Pensionsfonds und öffentliche SRI-Fonds angehören, ist unter anderem in den Bereichen Menschenrechte, Umweltschutz und Arbeitsstandards tätig (vgl. Logsdon/Van Buren 2009: 354, Louche/Lydenberg 2006: 23).

Wie in Abbildung 6 zu sehen ist, sind es vor allem religiöse Organisationen, die über die Methode des Shareholder Activism Einfluss auf die Unternehmenspolitik nehmen. Ansteigende Tendenzen sind bei SRI-Fonds zu verzeichnen. Bei Pensionsfonds ist ab dem Jahr 2000 ein Anstieg auszumachen, was direkt mit den legislativen Neuerungen in Europa ab diesem Zeitpunkt zusammenfällt.[13] Die Daten dazu sind vom Investor Responsibility Research Center (IRRC) im Zeitraum von 1992 bis 2002 erhoben worden. Die über den untersuchten Zeitraum akkumulierte Anzahl der Vorschläge für Unternehmen verschiedenster Gruppierungen beträgt 2 829.

13 Einen sehr guten Überblick über die Diskussion um Shareholder Activism bietet Sjöström (2008). Es wird dort eine Zusammenfassung über die Literatur und Ergebnisse von 1983 bis 2007 hinsichtlich Shareholder Activism/Engagement gegeben. Die einzelnen Akteure, die Zielsetzungen und die Effekte auf Unternehmen werden untersucht.

**Abbildung 5: Anstieg der Anfragen von SRI-Fonds an Unternehmen**

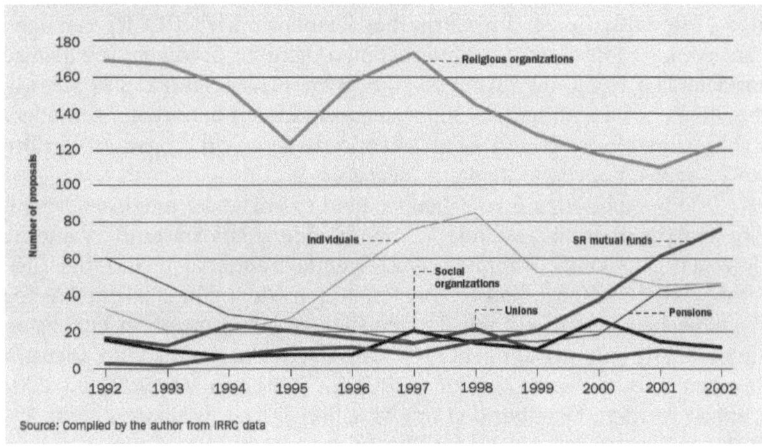


Quelle: Tkac, Paula (2006): One Proxy at a Time: Pursuing Social Change through Shareholder Proposals. In: Economic Review, Jg. 91, H. 3, S. 1–20.

In jüngster Zeit ist der Ansatz des Shareholder Activism/Engagement zumindest teilweise einem weicheren Ansatz gewichen. Weil durch reine Abstimmungen über Resolutionen bei Hauptversammlungen von Unternehmen meist wenig erreicht wird, sind NGOs und SRI-Fonds dazu übergegangen, in einen andauernden Dialog mit dem Management von Unternehmen zu treten. Diese proaktive Politik vermag hinsichtlich der Ziele der Anleger mehr zu erreichen als die defensive Strategie der reinen Stimmabgabe bei Hauptversammlungen (vgl. Logsdon/Van Buren 2009).

EUROSIF hat diesen Ansatz des Shareholder Activism/Engagement und eine Kopplung mit einem einfachen Screen mittels höchstens zweier negativer Kriterien als „broad"-SRI definiert. Vor allem große institutionelle Investoren und „mainstream"-Klienten, die nicht über eine wertbasierte Anlagepolitik verfügen, sind unter Anwendung dieser Strategien tätig. Durch diese Beschaffenheit ist der breite SRI-Ansatz auch bezüglich der Volumina größer als der enge.

Zusätzlich zu den hier vorgestellten Screeningmethoden gibt es noch andere Methoden, die aber entweder auf die Verwendung unterschiedlicher Begrifflichkeiten zurückzuführen sind, oder im europäischen Kontext nur eine geringe Rolle spielen. Weit verbreitet in den USA ist das „Community Investing": "Community investing involves directing funds towards 'underserved' communities that do not typically receive financial interest. The goal is to provide credit, banking, or other basic financial services to communities lacking them" (Colle/York 2009: 86).

Als qualitative Screenings werden in den USA positive Screenings verstanden. "The term qualitativ stresses the belief that the differences in corporate performance on social and environmental issues within industries are meaningful and that incremental change by individual companies should be recognized and rewarded" (Louche/Lydenberg 2006: 20).

Die Screeningmethoden stehen seit dem Beginn von sozialen Sreenings unter einer hartnäckigen Kritik. So seien ethische Kriterien willkürlich ausgewählt (vgl. Sparkes 2001), oder der Screeningprozess sei nicht kohärent gestaltet (vgl. Cowton 1999). Aus wissenschaftlicher Sichtweise werden die Screenings als mangelhaft bezeichnet, da sie ihre originäre Aufgabe angeblich nicht erfüllen, von Anlegerseite kommt oftmals die Kritik, dass die tatsächliche Fondspolitik nicht den werbewirksam verbreiteten Zielen entspreche.

### 5.2.3 Kritische Betrachtung der Screeningmethoden

Als einer der ersten Ansätze von SRI, der bis heute weitgehend in der SRI-Industrie verankert geblieben ist, stellt sich das negative Screening dar. So genannte „sin-stocks" wurden schon von den ersten Fonds in diesem Bereich gemieden. Wie oben bereits erwähnt, gehören dazu Unternehmen, die Geschäfte mit Alkohol, militärischen Ausrüstungsgegenständen, Waffen oder Glücksspiel machen oder mit Tierversuchen arbeiten. So ist die Exklusion von mit Alkohol in Verbindung stehenden Firmen im Jahr 2005 bei 121 SRI-Fonds in den USA Geschäftspraxis. Dies bedeutet, dass SRI-Fonds mit einem Anlagevolumen von 134 Mrd. US-Dollar, was 75% aller in SRI-Fonds angelegten Werte entspricht, Alkohol – in welcher Form auch immer – im Portfolio meiden (Colle/York 2009: 86).

Alkohol wird von der Weltgesundheitsorganisation als gesundheitsschädliches Mittel ausgemacht und steht in direktem Zusammenhang mit mehr als 60 Krankheiten. Alkohol ist verantwortlich für 20–30% der auftretenden Leberkrebserkrankungen, führt zu Unfalltoten im Straßenverkehr und erhöht die Gewaltbereitschaft in Familien.

Auf der anderen Seite ist der maßvolle Genuss von Alkohol gesundheitsfördernd, senkt den Cholesterinspiegel und hilft gegen Herzkrankheiten. Während einige Weltreligionen Alkohol verteufeln, gehört er in anderen zur religiösen Praxis und geht als Blut Christi in die Liturgie ein (vgl. Colle/York 2009: 89 f.).

Firmen, die Alkohol produzieren, vertreiben oder an seinem Handel beteiligt sind, werden zu einem Großteil von SRI-Fonds ausgeschlossen. Nun ist es allerdings so, dass beispielsweise der Weinanbau in Frankreich oder Italien eine historisch gewachsene Art der Landwirtschaft ist, die kulturell tief in der Gesellschaft verwurzelt ist. Für guten Wein muss die Umwelt geschont und in enger Abstimmung mit deren Anforderungen operiert werden. Neuere Entwicklungen sind Bio-Weine, wobei hier auf einen biologischen Anbau der Reben geachtet wird und keinerlei Zusatzstoffe (außer Sulfit) in den Wein gegeben werden. Entgegen dem Trend zu immer größeren Produktionsmengen hat sich im Weingeschäft Qualität durchgesetzt; nicht immer größere Flächen, sondern eher kleine bis mittelgroße Produktionsanalgen können sich über Qualität am Markt behaupten. Das Marketingkonzept kann somit nur funktionieren, wenn man die soziale Bedeutung des Weines und die Einpassung der Produktion in die Umwelt weiterführt. "[...] it cannot be ignored that many entrepreneurs who continue the tradition of winemaking, from generation to generation, or even start brand new wineries in nontraditional winemaking places, in most cases integrate in their business model a number of ethically sound principles, such as the respect of the natural and social environment, a sense of beauty of natural landscapes, and the passion for quality" (Colle/York 2009: 91). Trotz dieser teilweise sehr positive Externalitäten werden Weinhersteller systematisch von den meisten SRI-Fonds ausgeschlossen.

Auf der anderen Seite soll als Beispiel ein Klebstoffhersteller (H. B. Fuller) aus den USA genannt werden. Das berühmteste Produkt ist Resistol, ein stark haftender Kleber. Das Unternehmen wurde lange Zeit für seine vorbildliche CSR-Arbeit gerühmt. In den 1980er Jahren wurde publik gemacht, dass Resistol als Ersatzdroge von Straßenkindern in Honduras geschnüffelt wird. „Resistolero" wurde ein Synonym für diese Straßenkinder. Daraufhin übten verschiedene Seiten Druck auf das Unternehmen aus, das aber zunächst über mehrere Jahre hinweg nicht reagierte. Als jedoch 1992 Videos von Resistol schnüffelnden Straßenkindern im US-Fernsehen gezeigt wurden, änderte das Management seine Politik und verkündete, dass das Unternehmen die Herstellung und den Vertrieb von Resistol in Honduras einstellen würde. Das Management wurde für seine vorbildliche Haltung gelobt und die Kritik ebbte ab. Nach einem Jahr fuhren Journalisten wiederum nach Honduras und mussten feststellen, dass immer noch Straßenkinder Resistol schnüffelten. Sie entdeckten, dass lediglich kleine Klebstofftuben aus Geschäften entfernt worden waren, es aber durchaus Resistol zu kaufen gab (vgl. Colle/York 2009: 93).

Dieses Unternehmen hatte über den gesamten Zeitraum keine Probleme, in SRI-Fonds Eingang zu finden.

Somit kann negatives Screening, welches auf einer a priori-Exklusion von ganzen Industriebereichen oder Branchen fußt, im eigentlichen Sinne nicht als verantwortliches SRI aufgefasst werden, bzw. nur weil ein Unternehmen zu einer nicht exkludierten Gruppe gehört, erfüllt es nicht automatisch SRI-Kriterien. Eine sehr viel differenziertere Herangehensweise bei negativen Screenings ist demnach notwendig, damit das Portfolio den Anspruch eines SRI-Fonds erfüllt.

Auch bei der Integration von ökologischen Kriterien in Unternehmensratings sind Probleme zu verzeichnen. Die „ökologische Bonität" von Unternehmen wird nur defizitär erfasst. So spielt es bei den Ratings für Unternehmen keine Rolle, wie viele Ressourcen für die Rendite aufgewendet werden. Hier kann der Begriff der ökologischen Verzinsung eingeführt werden. Eine hohe ökologische Verzinsung liegt dann vor, wenn relativ wenig Energie verbraucht wird, um eine hohe Rendite auf das eingesetzte Kapital zu erwirtschaften. Eine niedrige ökologische Verzinsung liegt im Gegensatz dazu vor, wenn ein Unternehmen relativ viele Ressourcen verbraucht, um Gewinne zu erwirtschaften (vgl. Figge/Hahn/Illge 2010). Dieser Ansatz, der die tatsächlichen ökologischen Folgen abschätzt, ist bisher nicht in CSR-Ratings zu finden.

In einer aufsehenerregenden Studie des Natural Capital Institute aus dem Jahr 2004 wurden von Paul Hawken weltweit 602 SRI-Fonds hinsichtlich ihrer Screeningmethoden, der Marketingstrategie und ihrer Portfoliozusammensetzung untersucht. Die Ergebnisse im Einzelnen sind:

1. Die kumulativen Portfolios der SRI-Fonds sind mit den Portfolios von konventionellen Fonds nahezu identisch.
2. Die Screeningmethoden der SRI-Fonds erlauben es fast jedem Unternehmen, in ein SRI-Portfolio übernommen zu werden.
3. Die Namen der SRI-Fonds und das Werbematerial sind oft irreführend und spiegeln nicht die Strategien der Fondsmanager wider.
4. Die in der Werbung für Fonds angepriesenen ethischen Prinzipien sind oft irreführend und stehen in keiner Korrelation mit dem Portfolio.
5. Die Screeningmethoden sind nicht transparent.
6. Der direkte Vergleich von SRI-Fonds ist sehr schwierig, wenn nicht unmöglich.

7. In den Portfolios ist eine starke Ausrichtung auf aggressiv global agierende Unternehmen zu verzeichnen.
8. Screenings nach Umweltkriterien erfüllen oftmals nicht ihren Zweck.
9. Der Sprachgebrauch bei der Beschreibung von SRI ist schwammig und führt zu Missverständnissen und einer Verzerrung der Ziele der Anleger.
10. Obwohl Shareholder Activism/Engagement als Grund für Anlagen in SRI-Fonds angegeben wird, findet dies nur in wenigen Fällen statt (vgl. Hawken 2004).

Wenn auch in einer direkten Antwort des USSIF auf diese Studie die Ergebnisse relativiert wurden, so ist dies doch als Diskussionsgrundlage für eine Verbesserung der Methoden in der SRI-Industrie zu sehen.[14]

Neben den Fonds und den gerade diskutierten Screeningmethoden nehmen alternative Indizes als Akteure im organisationalen Feld des SRI eine Schlüsselposition ein.

### 5.2.4 Alternative Indizes

Eine besondere Rolle als Akteure im organisationalen Feld des SRI spielen die alternativen Indizes. Hierbei handelt es sich in Analogie zu den konventionellen Indizes (wie dem Dow Jones, dem Dax, dem FTSE oder dem Hang Seng) um eine Abbildung einer Auswahl von Leitunternehmen. In der Regel wird eine Anzahl von Unternehmen, beim Dax und Dow Jones jeweils 30, beim FTSE 100, gelistet und dies als Leitindex für den Finanzmarkt eines Landes genommen. Indizes können auch sektorspezifisch sein, wie der TecDax oder der Nasdaq, regional, wie der Eurostoxx, oder global, wie der S&P 500. Die gelisteten Unternehmen sollen jedoch immer ein Abbild der jeweiligen Branche, des Sektors, der Region oder des Landes sein.

Aufgrund der veränderten Anforderungsbedingungen auf dem SRI-Markt hat sich in den letzten Jahren eine Vielzahl von alternativen Indizes entwickelt, die das Augenmerk auf Unternehmen legen, die hinsichtlich ihrer CSR-Tätigkeit oder ihrer Produktpalette nachhaltige und soziale Themen repräsentieren. So gibt es seit 1999 die Dow Jones Sustainability Indizes (DJSI)-Familie, worunter mehrere, jeweils nach räumlicher Aus-

---

14 Für die weitere Diskussion die direkte Antwort des USSIF: Talking Points: Paul Hawken Article on Socially Responsible Investing.

dehnung oder nach Exklusionskriterien differenzierte Indizes firmieren. Zu nennen sind hier der Dow Jones Sustainability World Index (DJSI World) oder der Dow Jones STOXX Sustainability Index (DJSI STOXX). Weiter sind die Indizes in der Form erhältlich, dass entweder Regionen oder bestimmte Unternehmen, die mit Waffen handeln oder an deren Herstellung beteiligt sind oder am Handel oder der Herstellung von Alkohol, Tabak oder Pornographie beteiligt sind, exkludiert sind. Ein im Jahr 2011 von STOXX und der Nachhaltigkeitsratingagentur Sustainalytics herausgegebener Index heißt Global ESG Leaders. Er basiert auf einem von der europäischen Finanzanalystenvereinigung (EFFAS) herausgegebenen Berichtssystem[15], welches ESG-KPIs von Unternehmen abfragt, die von Sustainalytics verarbeitet und in einen Index aggregiert werden.

Der Unterschied zu konventionellen Indizes ist, dass Unternehmen nach anderen Kriterien daraufhin beurteilt werden, ob sie in den Index aufgenommen werden oder nicht. Bei konventionellen Fonds werden diejenigen Unternehmen, die die größte Marktkapitalisierung aufweisen, aufgenommen, da sie an der gesamtwirtschaftlichen Performance des Landes oder des Sektors den größten Anteil haben. Bei alternativen Indizes wird dieses Kriterium sehr wohl mitberechnet, es werden jedoch zusätzlich noch andere Kriterien berücksichtigt.

Im Folgenden soll dies an einem Beispiel, dem DJSI verdeutlicht werden. Die Bewertung der Unternehmen erfolgt entlang dreier Dimensionen. Der ökonomischen, der Umwelt- und der sozialen Dimension. Diese sind wiederum nach verschiedenen Kriterien unterteilt:

1. Ökonomisch:

- Corporate Governance
- Risk & Crisis Management
- Codes of Conduct/Complience/Corruption & Bribery
- Industry Specific Criteria [Management der Zulieferketten, Marketingpraktiken etc.]

2. Umweltdimension

- Environmental Reporting
- Industry Specific Criteria [Umweltmanagement, Klimastrategie etc.]

15 http://www.effas-esg.com/wp-content/uploads/2009/04/effas_kpis_for_esg_1_2_09_04_09_final.pdf.

3. Soziale Dimensionen

- Human Capital Development
- Talent Attraction & Retention
- Labor Practice Indicators
- Corporate Citizenship/Philanthropy
- Social Reporting
- Industry Specific [Produktinformation, Qualität, Gesundheit der Mitarbeiter etc.] (vgl. Dow Jones Sustainability STOXX Guidebook 2009: 10 f.).

Die einzelnen Kriterien werden bei der Bewertung unterschiedlich gewichtet. Als Informationsquelle dienen Interviews mit Verantwortlichen der Unternehmen, Unternehmensberichte, Befragungen der Stakeholder sowie eine Analyse von Medienberichten (vgl. Dow Jones Sustainability STOXX Guidebook 2009: 11 f.).

Im europäischen Raum ist vor allem der englische FTSE4Good als Indexfamilie zu nennen. Ähnlich wie der DJSI werden unterschiedliche Regionen erfasst. Die Auswahlkriterien unterscheiden sich formal nicht von denen des DJSI. Der FTSE4Good bewertet hinsichtlich Umweltkriterien, sozialen- und Stakeholderkriterien, der Einhaltung der Menschenrechte, der Arbeitsstandards der Zulieferketten sowie Korruption.

Wie in Abbildung 7 zu sehen ist, erfolgt der Auswahlprozess der Unternehmen nach einem festen Turnus jedes Jahr, wobei auch eine Überprüfung der schon im Index aufgenommenen Unternehmen vorgenommen wird. Mittels verschiedener Informationsquellen und der Einbeziehung der Ratingagentur EIRIS werden die Unternehmen ausgewählt. Falls ein Unternehmen nicht mehr den Anforderungen entspricht, wird es aus dem Index genommen.

**Abbildung 6: Auswahlprozess bei Aufnahme in den FTSE4Good**

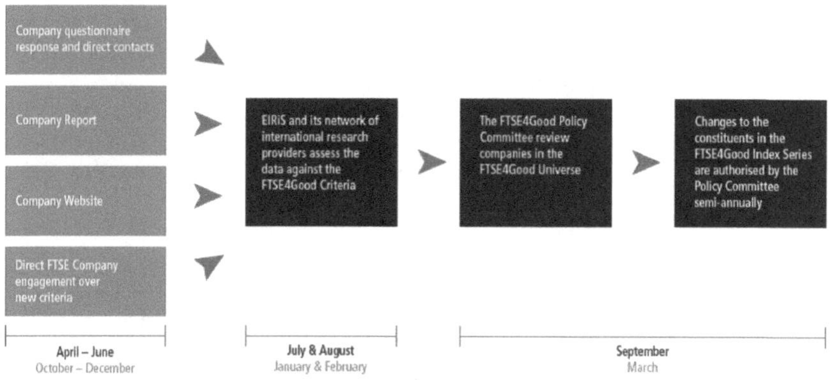


Quelle: FTSE4Good Index Series (2010): Inclusion Criteria.

In Deutschland haben sich mehrere Indizes auf nachhaltige Entwicklung spezialisiert. Unter vielen anderen sind die größten der Ökodax, der Naturaktienindex (NAI), der RENIXX World, sowie der Photon Photovoltaik Aktien Index (PPVX).

Bemerkenswert ist, dass in Deutschland die meisten alternativen Indizes auf regenerative Energiegewinnung spezialisiert sind, während in Großbritannien soziale und ethische Kriterien im Vordergrund stehen. So sind der Ökodax, der RENIXX World und der PPVX ausschließlich auf Unternehmen spezialisiert, die im Segment der erneuerbaren Energien tätig sind. Lediglich der NAI geht darüber hinaus und legt soziale Kriterien mit an. Diese thematische Festlegung ist typisch für Deutschland. In Großbritannien gibt es neben dem allmächtigen FTSE und dem alternativen Ableger FTSE4Good nahezu keine SRI-relevanten Indizes.

Im Rahmen des organisationales Feldes des SRI-Marktes kommt den Indizes als Akteuren eine besondere Rolle zu. Mittels einer Fokussierung auf ESG-Kriterien kommt es bei der Bewertung der Unternehmen zu einer Informationsverdichtung in diesem Bereich. Private Anleger und institutionelle Investoren können über die Indizes ihren eigenen Auswahlprozess vertiefen, da sie auf eine Bewertung der Unternehmen zurückgreifen, die je nach Index variiert, aber transparent dargelegt wird. Ähnlich wie bei der Arbeit von Ratingagenturen werden Unternehmen bewertet, darüber hinaus stellen die Indizes jedoch auch die Performance im langjährigen Vergleich dar. Somit fungieren alternative Indizes als objektive Andere, deren – scheinbare – Interessenlosigkeit die gelisteten Unternehmen hochgradig legitimieren. Durch die Bewertung der Unternehmen kommt es zu einer Erhöhung des Informationsaufkommens. Anleger und Investoren greifen auf die Indizes als Benchmark zurück, wodurch die Indizes ihre Marktmacht bekommen. Es kann also von einer engen Verknüpfung von Indizes, den bewerteten Unternehmen und den Anlegern ausgegangen werden.

Einen ähnlichen Akteursstatus im organisationalen Feld nehmen Ratingagenturen ein. In Anlehnung an die Konstruktion von alternativen Indizes haben sich auf den SRI-Markt spezialisierte Ratingagenturen herausgebildet.

### 5.2.5 Ratingagenturen

Ratingagenturen als unabhängige Forschungseinrichtungen bewerten Unternehmen, Finanzinstitute, Finanzierungsinstrumente und Schuldverschreibungen sowie Staaten. Die Kriterien variieren von Ratingagentur zu Ratingagentur, allen gemein ist jedoch, dass das Risiko von Investments in bestimmte Produkte bewertet wird. Zu nennen sind hier die so genannten „Global Player" wie Fitch, Moodys oder Standard & Poor's. Aufgrund der über konventionelle Ratings hinausgehenden Interessenlage bei SRI-Anlagen haben sich spezialisierte Ratingagenturen herausgebildet, die die zu beurteilenden Produkte, Staaten und Unternehmen hinsichtlich ESG-Kriterien untersuchen.[16] Ziel hierbei ist, nachhaltiges Investment mit guter Rendite zu verbinden.

Zu den führenden SRI-Ratingagenturen in Europa zählen Vigeo, EIRIS in Großbritannien, sowie OEKOM und IMUG in Deutschland.

> "We assess the degree to which companies and public corporations take into account environmental, social, societal and corporate governance objectives, which constitute risk factors for them in the definition and implementation of their strategy and policies" (VIGEO 2010).

Durch die Analyse von CSR-Faktoren ist es möglich:

1. "Evaluate the level of commitment shown by organisations towards all CSR or sustainable development goals.
2. Identify any risks incurred by the company or organization in this area.
3. Evaluate their level of management" (vgl. VIGEO 2010).

---

16 Zur Beziehung zwischen CSR und SRI auf dem Finanzmarkt: Ulshöfer/Bonnet (2009) und Hiß (2007).

Die Analyseinstrumente variieren unter den Ratingagenturen. OEKOM bewertet beispielsweise Unternehmen nach 100 sozialen und ökologischen Kriterien. Staaten werden nach 150 Kriterien bewertet. Neben dieser Haupttätigkeit werden Zertifizierungs- und Auditberichte durchgeführt, die den Unternehmen helfen, ihre internen Tätigkeiten bestimmten Zielen anzupassen. Anlegern und Fondsgesellschaften wird dahingehend geholfen, dass Unternehmen bewertbar gemacht werden.

Interessant ist, dass EIRIS als erste SRI Ratingagentur in Europa 1984 von einer kirchlichen Gruppe gegründet wurde. Bis jetzt ist es eine non-profit-Organisation, die sich an eng an ethischen Werten orientiert. IMUG und OEKOM wurden später in Deutschland aufgebaut und haben keinerlei Verbindungen zu religiösen Gemeinschaften.

Ratingagenturen fungieren im organisationalen Feld des SRI-Marktes als objektive Andere. Ihre (vorgebliche) Interessenlosigkeit und die wissenschaftliche Arbeitsweise legitimieren sie und bilden den Mythos einer Wahrheit, die sie verbreiten. Sie sind stark mit ihren Partnern, institutionellen Anlegern und Privatanlegern auf der einen Seite und Unternehmen auf der anderen Seite vernetzt (vgl. Münch 2009: 298 f.). Ratingagenturen verfügen über Macht in dem Sinne, dass die von ihnen gegebenen Ratings ausschlaggebend dafür sind, ob Anleger in Unternehmen oder Staaten ihr Geld investieren. Wird eine Abstufung vorgenommen, so sind Geldmittel nicht mehr zu niedrigen Zinsen verfügbar.

Als Beispiel für die Macht und den Einfluss der Ratingagenturen kann hier der Fall Griechenland angeführt werden. Aufgrund der hohen Staatsverschuldung und der in der Vergangenheit teilweise geschönten Haushalte stufte Fitch am 8. Dezember 2008 Griechenland von A– auf BBB+ herunter. Standard & Poors zog am 17. Dezember nach. Dieses „downgrading“ aufgrund eines höheren Ausfallrisikos hatte zur Folge, dass Griechenland für seine Staatsobligationen an die Käufer 2,75% mehr Zinsen zahlen musste als Deutschland. Der staatliche Haushalt Griechenlands wurde dadurch mit einer Milliarde Euro mehr pro Jahr belastet. Jedes Herabstufen durch eine Ratingagentur macht Geld für Unternehmen und Staaten teurer und im Fall Griechenlands führte es zu einer noch höheren Verschuldung (vgl. Kadritzke 2010).[17]

Seit der Hypothekenkrise in den USA sind die Ratingagenturen massiv unter Druck geraten. Sie sind dem Vorwurf ausgesetzt, dass für viele Anlageprodukte zu gute Ratings gegeben wurden. Der zweite Vorwurf ist, dass Ratingagenturen Unternehmen zu gut bewerten, um Aufträge von diesen zu bekommen (vgl. Münch 2009: 299). Zu vermuten ist, dass dies

17 Zur Verlässlichkeit der Einstufungen der Ratingagenturen im Fall Enron und der Subprime-Krise auch: Münch 2009: 299.

die SRI-Ratingagenturen nur marginal betrifft, da die von ihnen aufgestellten Kriterien nicht auf diejenigen Produkte anwendbar sind, die etwa zur Hypothekenkrise geführt haben.

Die zunehmende Bedeutung von SRI in den letzten 10 Jahren hat die Akteure dazu veranlasst, in einzelnen Staaten wie auch auf regionaler Ebene Dachorganisationen zu gründen, die Informationen sammeln, eigene Forschung betreiben sowie das Thema SRI promoten. Hierfür wurden verschiedene SIFs gegründet.

### 5.2.6 Social Investment Foren

Das erste nationale SIF wurde im Jahr 1998 in Großbritannien gegründet. Es folgten Deutschland und andere EU-Mitglieder im Jahr 2001.

Die nationalen SIFs haben in den vergangenen Jahren mehrere Zielsetzungen entwickelt. Zum einen fungieren sie als Lobbyorganisation, die legislative und judikative Rahmenbedingungen in den einzelnen Ländern hinsichtlich SRI verbessern will. Gleichzeitig sollen nachhaltige Geldanlagen in einer breiten Öffentlichkeit bekannt gemacht und die Gesellschaft dafür sensibilisiert werden. Des Weiteren zielt die Arbeit der Foren darauf ab „[...] den positiven Lenkungseffekt dieser Geldanlagen auf Gesellschaft und Umwelt zu stärken und die Verbreitung der Idee der Nachhaltigkeit im Finanzsektor zu unterstützen" (Forum Nachhaltige Geldanlagen 2010).

Im Grunde haben die nationalen SIFs dieselben Ziele, wenn von ihnen auch teilweise mit unterschiedlichem Vokabular gearbeitet wird. So benennt das englische Pendant zum deutschen Forum Nachhaltige Geldanlagen, das UKSIF, seine Ziele wie folgt: „UKSIF promotes responsible investment and other forms of finance that support sustainable economic development, enhance quality of life and safeguard the environment. We also seek to ensure that individual and institutional investors can reflect their values in their investments" (UKSIF 2010).
Neben diesen beiden gibt es nationale SIFs noch in Belgien, Italien, Frankreich, Spanien, Schweden und den Niederlanden.[18] Auch die USA, Australien und Japan verfügen über solche Einrichtungen.

Die nationalen SIFs wurden von unterschiedlichen Unternehmen und Organisationen gegründet und sind Non-profit-Organisationen. Mitglieder sind vor allem Banken, die im Bereich SRI tätig sind, Fondsge-

18 Siehe hierzu: Spanien: www.spainsif.es; Schweden: www.swesif.org; Niederlande: www.vbdo.nl; Frankreich: www.frenchsif.org; Italien: www.finanzasostenibilie.it; Belgien: www.belsif.be.

sellschaften und Beratungsunternehmen, Nichtregierungsorganisationen, Forschungseinrichtungen, Unternehmen sowie Ratingagenturen.

Als Dachorganisation in Europa wurde im Jahr 2001 EUROSIF gegründet. Sie wird von den nationalen SIFs geleitet und dient der Vernetzung der nationalen SIFs auf europäischer Ebene. Der Mehrwert ist, dass Daten zum regionalen SRI-Markt gebündelt und somit aussagekräftiger werden, und direkt Einfluss auf europäische Institutionen genommen werden kann. So arbeitet EUROSIF eng mit der Europäischen Kommission, insbesondere der DG Employment & Social Affairs, und dem Europäischen Parlament zusammen.

Die SIFs spielen eine zentrale Rolle im organisationalen Feld des SRI-Marktes. Die Interaktionsdichte zwischen den Akteuren ist durch ihre Gründung enorm angewachsen. So tauschen sich die Mitglieder der SIFs nicht nur in von den SIFs organisierten Workshops oder Konferenzen aus, sondern arbeiten qualitativ an gemeinsamen Zielen. So besteht der Vorstand des UKSIF aus Personen die bei EIRIS (Ratingagentur), bei der Triodos Bank (Bank für nachhaltige Geldanlagen), bei einem englischen Pensionsfonds (London Pensions Fund), einer SRI-Consultingfirma und einem Investmentunternehmen (CCLA Investments), arbeiten.

Gleichzeitig erhöht sich das Informationsaufkommen innerhalb des Feldes. Die Forschung der einzelnen SIFs zu unterschiedlichen SRI-Themengebieten wird durch die Mitglieder gesponsert und ist rein auf den SRI-Markt zugeschnitten. So werden mit Hilfe der Mitglieder Studien zu unterschiedlichen Themen erarbeitet und herausgegeben, wie Solarenergie, Wasserwirtschaft, Finanzmarktreformen, Schwellenländer und Nachhaltigkeit sowie weitere mehr.[19] Es sind zudem eindeutige Interessenlagen der Mitglieder der SRI-Foren zu verzeichnen, mittels derer sie sich von anderen Gruppierungen abgrenzen und eine gegenseitige Wahrnehmung entsteht. Die Ziele im Einzelnen:

- Bekanntmachen von SRI-Geldanlagen in der Gesellschaft,
- Informations- und Wissensaustausch unter den Mitgliedern,
- Mehr Zusammenarbeit unter den Mitgliedern,
- Lobbyarbeit zur gesetzlichen und rechtlichen Forcierung von SRI-Standards auf dem Finanzmarkt,

---

19 Siehe hierzu: UKSIF: http://www.uksif.org/resources/publications; Forum Nachhaltige Geldanlagen: http://www.forum-ng.de/front_content.php?idcatart=192&lang=1&client=1; EUROSIF: http://www.eurosif.org/publications.

- Initiierung und Begleitung von wissenschaftlichen Projekten zum Thema SRI.

Unter dem Dach der SIFs versammeln sich nahezu alle Akteure des SRI-Feldes. Ausgenommen sind der Staat als regulative Instanz, die Privatanleger und supranationale Vereinigungen.

### 5.2.7 Politische und supranationale Rahmensetzung

Schlüsselinstrumente auf dem SRI-Markt sind Regulierungen, die einerseits als soft-law oder andererseits als hard-law implementiert werden können. Im soft-law-Bereich sind vor allem internationale Organisationen tätig, die meist über freiwillige Selbstverpflichtungen versuchen, in Unternehmen oder bei Fondsgesellschaften bestimmte Aktionsmuster zu implementieren. In den letzten Jahren ist die Anzahl der Initiativen exponentiell gestiegen. In den folgenden Ausführungen werde ich mich auf die prominentesten und meiner Meinung nach wirkungsvollsten beschränken. Dies sind die Initiativen der UN, der OECD und der Institutional Investors Group on Climate Change (IIGCC).

Im Bereich des hard-law sind es weiterhin die Nationalstaaten, die tätig sind. Gesetzlich bindende Vorschriften wurden seit 2001 hinsichtlich der Offenlegung von Unternehmenspraktiken und dem Anlageverhalten von Pensionsfonds erlassen. Hier können isomorphe Tendenzen beobachtet werden, auf die später dezidiert eingegangen wird.

An der Schnittstelle zwischen hard- und soft-law befindet sich die Europäische Union. Mangels Kompetenzen und langwierigen Entscheidungsprozessen im Europäischen Rat haben lediglich die Kommission und das Europäische Parlament mittels Vorschlägen eine gewisse Initiativfunktion übernommen. Obwohl es seit 2001 Bestrebungen gibt, SRI gesetzlich auf EU-Ebene zu verankern, ist dies bislang nicht geschehen. Auf die Einzelheiten der Positionen der EU wird im Verlauf dieses Kapitels noch Bezug genommen.

Im politischen Bereich ist SRI eng mit dem Begriff des CSR verknüpft. Dies geschieht, da die tatsächlichen Tätigkeiten der Unternehmen zuerst veröffentlicht werden müssen, um dann überhaupt einschätzbar zu machen, inwieweit diese Unternehmen sich an ESG-Kriterien orientieren. Erst wenn Unternehmenshandeln in dem Maße transparent gemacht wird, dass das Unternehmen auch hinsichtlich nicht-monetärer Kriterien bewertet werden kann, ist es möglich, fundierte Anlageentscheidungen zu treffen, die über finanzielle Performance-Indikatoren hinausgehen. Dies ist der erste Schritt, der politisch implementiert werden muss.

Der zweite Schritt ist die Offenlegung von Anlageentscheidungen bei institutionellen Investoren. Da öffentliche Fonds hinsichtlich ihrer Anlagephilosophie in keiner Weise dem Staat unterstellt sind, begrenzt sich staatliches Handeln zum einen auf die Forcierung einer Offenlegung der Anlageentscheidungen bei privaten Fonds, zum anderen auf die Investmentstrategie bei Pensionsfonds. Bei Pensionsfonds ist es dem Staat möglich, einzugreifen und eine Ausrichtung auf ESG-Kriterien bei der Anlage zu erzwingen. Bei privaten Fonds könnten so genannte blind Pool-Fonds zur Offenlegung gezwungen werden, um somit Anlageentscheidungen transparenter zu machen.

Auf globaler Ebene haben sich in den letzten Jahren verschiedene nicht-staatliche Initiativen zu SRI gebildet. "SRI is to some extent response to the broader corporate social responsibility movement that has been the focus of various international policy initiatives" (OECD 2007: 13). Eine der ersten internationalen Initiativen sind die OECD Guidelines for Multinational Companies. Dies sind Leitlinien für Unternehmen, nach denen sie sich in den Bereichen Umweltschutz, Arbeitnehmerrechte, Menschenrechte, Korruption, Wettbewerb, Steuern und Transparenz nach bestimmten Prinzipien verhalten können. Innerhalb der Mitgliedsstaaten gibt es so genannte Nationale Kontaktpunkte (NCPs), die den Unternehmen helfen, die Vorgaben zu implementieren. Da dieses Projekt auch von den einzelnen Staaten mitgetragen wird, hat es eine hohe Akzeptanz bei den Unternehmen weltweit erreicht und dient als Referenz (vgl. OECD 2008). Es ist angedacht, dass die bisher nur auf CSR ausgelegten Richtlinien um einen Punkt, nämlich den Finanzsektor, erweitert werden. 2007 wurde von der OECD ein Paper vorgelegt, welches sich mit Regulierung von Pensionsfonds hinsichtlich SRI befasst. Darin wird gefordert, dass Offenlegungspflichten gesetzlich bindend eingeführt werden sollen. Des Weiteren soll eine einheitliche Definition von SRI für alle OECD-Staaten erarbeitet werden, damit Fonds vergleichbarer in ihrer Anlagestrategie werden und nicht aufgrund variierender Standards in einem Land als SRI-Fond gelten, in einem anderen jedoch nicht (vgl. OECD 2007: 22 ff.)

Neben dem UN Global Compact der auch auf die Implementierung von CSR-Kriterien in Unternehmen abstellt, sind die UN Principles for Responsible Investment (UNPRI) die weltweit führende Initiative, um nachhaltiges Investment auf dem Finanzmarkt voranzutreiben. Gegründet 2006, bekannten sich bis Ende 2009 375 Akteure zu diesen Prinzipien. Dies sind vor allem Rentenfonds, Versicherungsgesellschaften und Investmentmanager. Im Jahr 2008 wurden allein in Europa von UNPRI-Mitgliedern 9,7 Milliarden US-Dollar verwaltet. Durch sechs Prinzipien ist festgeschrieben, dass die Mitglieder angehalten sind, nach ESG-Kriterien anzulegen (UNPRI 2008: 2009).

Zu nennen ist auch noch die Institutional Investors Group on Climate Change mit Sitz in London. Dieser Zusammenschluss von vornehmlich institutionellen Investoren will als Plattform die Wahrnehmung für den Klimawandel stärken, eine pro-aktive Investmentpolitik bei Anlegern durchsetzen, Offenlegungspflichten hinsichtlich Treibhausgasemissionen bei Unternehmen vorantreiben und politische Initiativen zur Reduzierung von Treibhausgasen stärken.[20]

Allen diesen Initiativen gemein ist die Freiwilligkeit. Unternehmen und Investoren können sich anschließen, der Mehrwert besteht allerdings in einer öffentlichen Wahrnehmungsveränderung hin zu global legitimierten Zielen wie Umweltschutz oder dem Schutz der Menschenrechte. Die Unternehmen und Akteure, die sich diesen Initiativen anschließen, können über Werbung und Fremdwahrnehmung einen Mehrwert für sich selbst schaffen.

Wissenschaftliche und politische Expertise schafft in den Medien und auf global inszenierten Konferenzen das Bewusstsein für Umweltschutz oder den Schutz der Menschenrechte. Es werden Initiativen ins Leben gerufen, die diese kollektiv hochgradig legitimierten Ziele in der Ökonomie verankern sollen. Auch wenn der Mehrwert kurzfristig gering bis nicht vorhanden ist, so ist das Überleben von Organisationen und Akteuren in einer Gesellschaft nur dann gesichert, wenn diesen Mythen entsprochen wird. Der Schutz der Umwelt und der Menschenrechte kann im Kontext von Meyer/Rown (1977) und Scott (1983) als rationalisierte, verwissenschaftlichte, kollektive Übereinkunft gesehen werden, die als Mythos von Agenten für Prinzipien – Wissenschaftlern und Politikern – legitimiert wird und somit dazu beiträgt, den Akteursstatus von Staaten und Organisationen – hier Unternehmen – aufrechtzuerhalten. Somit erfolgt bei einem Beitritt zu einer solchen Initiative und der entsprechenden Publizierung dessen eine Selbstlegitimierung gegenüber gesellschaftlichen Mythen. So ist der kurzfristige tatsächliche Mehrwert bei einem Beitritt zum Global Compact tatsächlich das Global Compact-Emblem, dass in die Corporate Identity übernommen und zu Werbezwecken verwendet wird. Die Wahrnehmung der Gesellschaft, dass ein Unternehmen den Mythen entspricht, legitimiert dieses und schafft über den Werbezweck allein hinaus einen Mehrwert, der – in extrema – das Überleben des Unternehmens sichert.

Staaten können demgegenüber mittels Gesetzgebung bindende Vorschriften erlassen. Im Gegensatz zu den USA haben die Regierungen in

20 Für weiterführende Informationen: http://www.iigcc.org/constitution.aspx.

Europa eine aktivere Rolle im Bereich SRI übernommen. "European governmental organizations have placed a relatively substantial emphasis on promoting the concept of corporate responsibility and, as a concequence of socially responsible investing" (Louche/Lydenberg 2006: 14). So hat die britische Regierung im Juli 2000 mit dem Pensions Act erste Schritte in diese Richtung vollzogen (vgl. Waring/Edwards 2008: 139 ff., Sparkes 2001: 194). Es wird festgelegt, dass Treuhänder von beruflichen Pensionsfonds ihre Anlagepolitik offenlegen müssen. Gerichte haben darüber hinaus die Treuhänder verpflichtet, ESG-Kriterien mit in ihre Anlageentscheidung einfließen zu lassen, da die Interessen der Anleger über reine finanzielle Kriterien hinausgehen und auch ihre „[...] views on moral and social matters" widerspiegeln sollen (OECD 2007: 18). Im Jahr 2002 wurde ein Minister für CSR in England berufen, der das Thema CSR weiter vorantreiben und ein öffentliches Bewusstsein dafür schaffen soll. Der Companies Act von 2006, der in mehreren Stufen bis 2009 implementiert wurde, verpflichtet die Vorstände von Aktienunternehmen, die Aktionärsinteressen mit denen der anderen Stakeholder der Firma in Einklang zu bringen und CSR-Kriterien bei der Unternehmensführung mit einfließen zu lassen (Waring/Edwards 2008: 139).

In Deutschland wurde im Jahr 2001 das „Gesetz zur Reform der gesetzlichen Rentenversicherung und zur Förderung eines kapitalgedeckten Altersvorsorgevermögens" (AVmG) erlassen. Die dabei eingerichteten Pensionsfonds müssen jährlich über ihre SRI-Politik berichten. Die Fonds sind ähnlich wie beim britischen System nicht dazu verpflichtet, sozial verantwortlich anzulegen, sie müssen allerdings ihr Anlageverhalten offenlegen. Seit 2004 sind die Unternehmen durch eine Änderung des Bilanzrechtsreformgesetzes (BilReG) dazu verpflichtet, über relevante Indikatoren zu Umweltschutz und Arbeitnehmerrechten zu berichten, jedoch nur, wenn diese für den Geschäftserfolg relevant sind.

Ähnliche gesetzliche Vorschriften zur Transparenz von Pensionsfonds sind ab dem Jahr 2001 in mehreren europäischen Ländern verabschiedet worden. So in Schweden, den Niederlanden, Belgien, Italien, Österreich, Norwegen, Frankreich und Spanien.[21]

21 Das spanische SRI-Modell war im Gegensatz zu anderen Ländern bis 2009 von einer freiwilligen Selbstverpflichtung der Fondsmanager geprägt. INVERCO (Verband spanischer Fondsmanager) legt sich Selbstverpflichtung auf. Eine Besonderheit sind die „Solidarity Fonds"; hier wird ein Teil des Einkommens der Manager wohltätigen Zwecken zugeführt. Siehe dazu: Lozano, Josep M.; Albareda, Laura; Balaguer, M. Rosario (2006): Socially Responsible Investment in the Spanish financial market. In: Journal of Business Ethics, Jg. 69, H. 3, S. 305–316.

**Abbildung 7: Gesetze zur Offenlegung von Anlagekriterien**

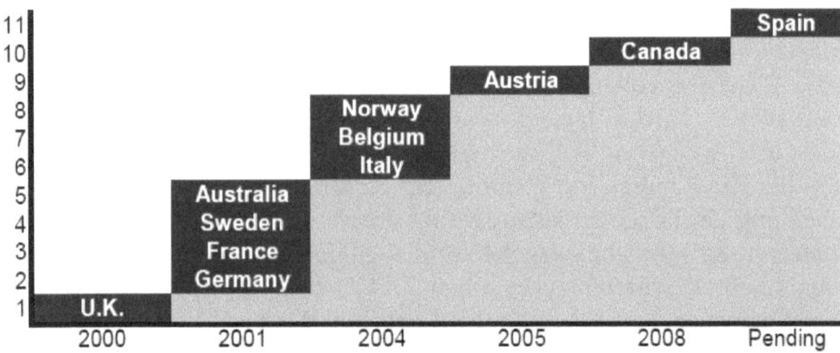


Quelle: Bourghelle, David; Jemel, Hager; Louche, Celine (2009): The Integration of ESG Information into Investment Processes: Toward an Emerging Collective Belief? Working Paper Series 26. Vlerick Leuvent Gent Management School.

Die Europäische Union nahm sich des Themas 2001 mit einem Green Paper zu CSR an. Hier heißt es zu gesetzlichen Vorschriften zu CSR: "In countries where such regulations do not exist, efforts should focus on putting the proper regulatory or legislative framework in place in order to define a level playing field on the basis of which socially responsible practices can be developed" (Europäische Kommission 2001: 7). Weiter gab die Europäische Kommission im Jahr 2006 ein Kommuniqué an das Europäische Parlament und den Europäischen Rat heraus. Die Unternehmen werden darin als basale Akteure von CSR-Tätigkeiten angesprochen, aber auch die sonstigen Stakeholder um ihren Beitrag gebeten. CSR wird als Beitrag zur Gesamtstrategie der Europäischen Union für Wachstum und Arbeit gesehen (vgl. Europäische Kommission 2006).

2004 wird gemeinsam von EUROSIF und der Europäischen Kommission das Projekt der European SRI Transparency Guidelines auf den Weg gebracht. Auch diese Initiative beruht auf einer freiwilligen Mitgliedschaft. Die Mitglieder, hauptsächlich auf Nachhaltigkeit ausgerichtete Publikumsfonds, verpflichten sich, ihre Unternehmenspolitik offenzulegen. Dies geschieht mittels mehrerer Indikatoren, wobei die Unternehmen vielfältige Informationen hinsichtlich ihres Anlageverhaltens, ihres Screenings und ihrer Research-Verfahren zugänglich machen. Die Idee hinter dieser Initiative ist:

1. die Möglichkeit für Fonds, aktiv ihren Ansatz in Bezug auf Nachhaltigkeit darzulegen und so Dritten gegenüber das eigene Vorgehen transparent zu machen,
2. die Möglichkeit, potenziellen Rechtsverordnungen und Bestimmungen zuvorzukommen, die ohne die Beteiligung der Anbieter nachhaltiger Geldanlagen erlassen werden könnten (vgl. EUROSIF 2004).

Gemeinsam mit dem Europäischen Parlament arbeitet EUROSIF daran, ein europaweites „Statement of Investment Principles" (SIP) für Pensionsfonds durchzusetzen. Der Europäische Rat wurde am 13. März 2007 durch das Europäische Parlament aufgefordert, diese Prinzipien für Investmentfonds verbindlich zu implementieren (vgl. Europäisches Parlament 2007). Dies würde Fondsmanager europaweit verbindlich dazu verpflichten, ihre Anlagepolitik hinsichtlich SRI-Kriterien zu veröffentlichen.

Im letzten Jahrzehnt hat sich auf globaler Ebene der Mythos des SRI als hochgradig legitimierte rationalisierte Vorstellung für „moralisches" Investieren herausgebildet. Beleg dafür ist die wachsende Anzahl der oben beschriebenen supranationalen Initiativen (UNPRI, OECD Guidelines for Multinational Companies, UN Global Compact, IIGCC). Unterfüttert wird dies durch immer mehr Firmen, die sich dieses Themas annehmen und ESG-Reports anfertigen. Diese Berichte werden veröffentlicht und finden medial immer mehr Aufmerksamkeit (vgl. Amaeshi/Greyson 2009, Enhanced Analytics Initiative 2008).

Regulativ findet dieses Thema jedoch erst Eingang in das organisationale Feld, wenn regionale Zusammenschlüsse wie die EU oder Nationalstaaten gesetzliche Vorschriften erlassen. Dies ist, wie oben ausgeführt, auf EU-Ebene ab dem Jahr 2001 mit verschiedenen Papers der Europäischen Kommission und des Europäischen Parlaments zu CSR und SRI erfolgt. Den Ansätzen auf EU-Ebene ist gemein, dass sie rechtlich nicht bindend sind. Wenn auch eine kohärente Idee, vermehrte Transparenz und eine Forcierung von ESG-Kriterien bei Investments die Basis für die Arbeit der europäischen Ebene bilden, so ist es aufgrund mangelnder Kompetenzen der EU immer noch der Nationalstaat, der regulativ und strukturierend in das organisationale Feld des SRI einwirkt.

Im organisationalen Feld des SRI-Marktes in Europa kommt somit dem Nationalstaat als einzigem Akteur eine direkte regulative Funktion zu. Als rahmenschaffender Akteur ist er mittels Gesetzgebung und Vorschriften mit allen anderen Akteuren im organisationalen Feld vernetzt und wirkt strukturierend. Davon ausgehend, dass sich in den letzten

Jahrzehnten auf globaler Ebene der Mythos des SRI als hochgradig legitimierte, rationalisierte Vorstellung für „moralisches" Investieren herausgebildet hat, steht der Staat mit seinen Institutionen in der Pflicht, sich diesem Mythos anzugleichen und sich darüber zu legitimieren. Akteure, also auch der Staat, passen sich an ihre Umwelt an, da sie nicht losgelöst von ihr existieren können. Auf nationalstaatlicher Ebene sind in den letzten zehn Jahren erste gesetzlich bindende Ansätze erfolgt, um den Bereich SRI zu regulieren. Großbritannien war hier der erste Staat, der mittels Gesetzgebung Einfluss genommen hat und dem acht weitere Staaten in der EU inhaltlich weitgehend folgten (siehe Abbildung 6). Es sind somit isomorphe Prozesse zu verzeichnen, was die Gesetzgebung auf nationalstaatlicher Ebene in der EU angeht.

Es gilt zwischen zwei Isomorphieebenen in diesem Prozess der Regulierung zu unterscheiden. Erstens kommt es zu einer Anpassung der Gesetzgebung der Nationalstaaten, da der Mythos SRI sowohl auf globaler als auch auf EU-Ebene hochgradig legitimiert ist und dem Staat als Akteur eine Anpassung abverlangt. Hier kommt es zu einer Isomorphie hinsichtlich einer ähnlichen Gesetzgebung, einer Isomorphie, die auf normativem Druck beruht. Auf der zweiten Ebene werden die Fonds und Fondsmanager durch ähnliche Gesetze ihrer Nationalstaaten zu ähnlichen Handlungen gezwungen. Diese Isomorphie durch Zwang wirkt durch gesetzlich bindende Vorschriften, die von den Nationalstaaten erlassen werden.

Mittels der in diesem Kapitel vorgestellten Akteursarchitektur im organisationalen Feld des SRI – dazu gehören die SRI-Fonds, Ratingagenturen, SIFs, supranationale Initiativen und der Staat – wird im nächsten Kapitel auf die Ausgangsfrage Bezug genommen. Mit Hilfe der zwei theoretischen Ansätze, des Neo-Institutionalismus und des National Business Systems-Ansatzes, werden unterschiedliche Erklärungslogiken hinsichtlich des SRI-Marktes herausgearbeitet.

# 6 KONVERGENZ AUF EUROPÄISCHER EBENE ODER BEIBEHALTUNG NATIONALER EIGENHEITEN?

Im vorangegangenen Kapitel sind die Hauptakteure sowie deren Funktion und Vernetzung im organisationalen Feld (DiMaggio/Powell 1983, Scott 1994, 2003, Greenwood et al. 2008, Wooten/Hoffman 2008) des SRI-Marktes herausgearbeitet worden. Dies sind die SRI-Fonds, die Nationalstaaten und die Europäische Union, supranationale Initiativen, alternative Indizes, Ratingagenturen und die Social Investment Foren (SIFs).

**Abbildung 8: Hauptakteure des SRI-Marktes**

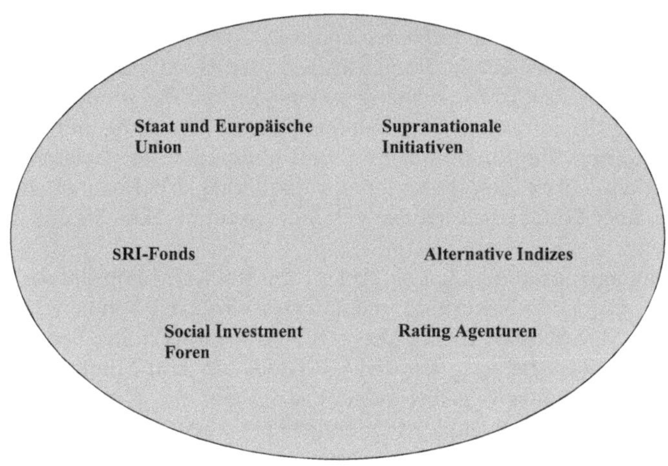


Quelle: Eigene Darstellung.

Alle Akteure stehen in einem andauernden Interaktionsverhältnis. Alle haben eine gewisse Funktion innerhalb des Feldes und interagieren mit den anderen Akteuren auf unterschiedliche Art und Weise.

Die SRI-Fonds repräsentieren die Anleger, deren Nachfrage sie widerspiegeln. Sie sind in den SRI-Foren vertreten und schaffen sich somit eine größere Öffentlichkeit, einen engen Austausch mit anderen Akteuren und gelangen an Informationen aus wissenschaftlichen Projekten. Mit den Ratingagenturen stehen sie in engem Kontakt, da über diese Informationen über Produkte und Unternehmen bezogen werden. Als Benchmark fungieren die Alternativen Indizes, die den Fonds bei Entscheidungen über die Aufnahme von Unternehmen in ihr Portfolio helfen. Mit den zwei rahmenschaffenden Akteuren, dem Nationalstaat und der Europäischen Union, sowie mit supranationalen Initiativen gehen Fonds ein spezielles Verhältnis ein. Von staatlicher Seite wird aufgrund von bindenden Gesetzen Druck ausgeübt. Die Europäische Union ist noch nicht an dem Punkt, an dem sie bindende Vorschriften über hard-law-Instrumente erlassen kann. Trotzdem formiert sich eine Lobby, die unter Mithilfe der Kommission und des Parlaments an neuen Standards, freiwilligen Initiativen und Rahmenbedingungen arbeitet. Supranationale Initiativen spiegeln den globalen Mythos des SRI als „bessere Geldanlage" in seiner Reinform wider. Die Fonds beteiligen sich zu einem Großteil direkt durch Mitgliedschaften oder orientieren sich daran in ihrer Arbeitsweise. Die Produkte folgen global legitimierten Standards, wobei es bei den Screeningmechanismen zu Unterschieden kommt.

Die SIFs können als Zusammenschluss aller Akteure des SRI-Feldes, mit Ausnahme staatlicher Stellen, gesehen werden. Es kommt zu einer Verdichtung des Informationsaufkommens durch Forschung und Bündelung von Daten. Die Kommunikation und Interaktion mit anderen Teilnehmern wird über diese Foren erhöht. Es bilden sich Koalitionen, die sich z. B. über Lobbyarbeit bei der EU definieren und gemeinsame Ziele verfolgen.

Ratingagenturen nehmen als Akteur die Rolle eines objektiven Anderen ein. Objektive Bewertung und Interessenlosigkeit definieren diese Rolle (vgl. Münch 2009: 298 f.). Vernetzt sind sie als externe Beratungs- und Forschungseinrichtung mit den SRI-Fonds, sie sind Mitglied in den SIFs und legen teilweise selbst alternative Indizes auf. Gemeinsam mit supranationalen Initiativen wird Öffentlichkeitsarbeit geleistet. Auch die Ratingagenturen tragen zu einem gesteigerten Informationsaufkommen aufgrund ihrer Forschungs- und Analysetätigkeit bei.

Alternative Indizes dienen als Benchmark für Fonds und Privatanleger. Auch hier wird scheinbar objektive Wahrheit vermittelt, die von Privatanlegern und Fonds genutzt wird. Durch die Analyse und Bewertung von Unternehmen kommt es zu einer Informationsverdichtung. Weiter verfügen die Indizes über eine gewisse Marktmacht, da sie als Leitlinien für gesamte Sektoren dienen und über die vereinfachte Darstellung schnell antizipiert werden können. Die Entscheidungen, die von Anlegern daraufhin getroffen werden, beruhen auf diesen vereinfachten Darstellungen.

Im letzten Jahrzehnt bildete sich eine Vielzahl von supranationalen Initiativen heraus. Sie alle beruhen direkt auf globalen Mythen, die medial und von wissenschaftlichen Experten befördert und transportiert werden. Durch sie wird direkt Druck auf Unternehmen und Fonds ausgeübt, einem globalen Standard zu entsprechen. Eine Vernetzung mit anderen Akteuren findet über freiwillige Selbstverpflichtungen, Öffentlichkeitsarbeit und Forschungstätigkeiten statt. Nationalstaaten werden in besonderem Maße beeinflusst, da die Initiativen Ausdruck einer Bewegung sind, die auf der Meta-Ebene abläuft und der sich Nationalstaaten nicht verschließen können, um weltpolitisch und auf weltwirtschaftlicher Ebene als legitim zu gelten. Somit können beide Akteure im Feld, die Alternativen Indizes wie auch supranationalen Initiativen, als objektive Andere im Meyer'schen Sinne aufgefasst werden.

Die wirtschaftlich führenden Nationalstaaten innerhalb der Europäischen Union haben sich des Themas SRI in den letzten zehn Jahren angenommen. So wurden Berichtspflichten von Unternehmen verstärkt und in einem weiteren Schritt Gesetze zur Offenlegung von Anlagekriterien verabschiedet (siehe Abbildung 6). Weiter werden die Pensionsfonds angehalten, ESG-Kriterien in ihre Anlageentscheidung mit einfließen zu lassen. Es kommt auch zu einer Erhöhung des Informationsaufkommens innerhalb des Feldes und einer Verdichtung der Kommunikation zwischen staatlichen Stellen, der Öffentlichkeit, Unternehmen und Pensionsfonds. Diese verpflichtenden Rahmenbedingungen werden von der Europäischen Union unterstützt.

Die EU hat die Thematik ebenfalls aufgegriffen und mittels mehrerer Schriften ihre Unterstützung in diesem Bereich kundgetan. Aufgrund mangelnder Kompetenzen beschränkt sich das Handeln jedoch lediglich auf soft-law-Instrumente. Es ist eine enge Abstimmung zwischen den Institutionen der EU, dem Parlament und der Kommission, und den Akteuren des SRI-Marktes zu verzeichnen. Hier ist vor allem die Zusammenarbeit der EU mit EUROSIF, als Sammelbecken der SRI-Akteure, zu nennen.

Mit Hilfe dieser Akteursarchitektur wird im Folgenden auf die erste Ausgangsthese, nach einer Konvergenz auf europäischer Ebene, Bezug genommen. Es wird eine theoriegeleitete Analyse des SRI-Marktes vorgenommen.

## 6.1 Konvergenzthese: Neo-Institutionalistischer Ansatz

Im Neo-Institutionalismus sind es formalisierte Strukturen, die auf Akteure einwirken und sie in ihrem Handeln anleiten (vgl. Meyer/Rowan 1977: 343). Die Umwelt formt das Handeln der Akteure. Die Rationalisierung der Gesellschaft schafft neben den Akteuren als Subjekten einen Akteur, der als kulturell konstruierter, objektiver Anderer soziale Verantwortung trägt und zur Handlungsorientierung dient (vgl. Meyer 1994, Meyer/Jepperson 2000, 2005). Akteure können dabei als Agenten für sich selbst, als Agenten für Andere, oder als Agenten für Prinzipien auftreten. In einer kulturell inszenierten modernen Gesellschaft werden durch Agentschaft Wertmuster vermittelt, nach denen gehandelt wird. Es erfolgt eine moralische Standardisierung von Handlungsmustern (vgl. Meyer 2000: 239). Auf globaler Ebene bilden sich hochgradig rationalisierte Mythen, die durch isomorphe Prozesse als Glaubenssysteme Eingang bei den Akteuren finden und diese strukturieren (vgl. Meyer/Rowan 1977, Scott 1983: 14, Boxenbaum/Jonsson 2008).

Kein Akteur kann also losgelöst von seiner Umwelt handeln, sondern er orientiert sich an kollektiv-intersubjektiven Vereinbarungen, die hochgradig legitimiert sind. Es kommt zu isomorphen Tendenzen. Diese können mimetisch, zwanghaft oder normativ sein und sind eine Reaktion auf Umweltanforderungen um erstens das Überleben zu sichern, indem es zu einer Anpassung kommt, und zweitens möglichst effiziente Problemlösungsstrategien zu entwickeln, um einen Vorteil gegenüber Wettbewerbern zu haben (vgl. DiMaggio/Powell 1983).

Damit komme ich auf meine erste Arbeitshypothese zurück: *In den letzten Jahren hat sich auf globaler Ebene der Mythos des SRI herausgebildet. Aufgrund des Anpassungsdruckes für Akteure kommt es zu isomorphen Prozessen und einer Homogenisierung der Formalstruktur auf europäischer Ebene.*

Der SRI-Markt wird, in Anlehnung an Münch (2009), als transnationales organisationales Feld aufgefasst (vgl. Münch 2009: 266 ff.). Münch führt aus, dass die Regulierung des Wertpapiermarktes in Europa zwar noch weitgehend bei den Nationalstaaten verbleibt, dennoch seit 1998 ein Strukturwandel auszumachen ist, der auf eine Konvergenz auf europäischer Ebene hinausläuft. Dies findet hinsichtlich dreier Dimensionen statt: 1. „[…] auf der Ebene des semantischen Wandels der Rationalität konstruierenden Leitideen, 2. auf der institutionellen Ebene formeller rechtlicher Regulierung und informeller Konventionen und Absprachen,

3. auf der Ebene der Akteurskonstellation […]" (Münch 2009: 279.). Aufgrund homologischer Tendenzen sieht Münch in der Zukunft Anpassungsprozesse innerhalb dieses Feldes.

Der SRI-Markt, dessen Akteurskonstellation dem des Wertpapiermarktes ähnelt, scheint vergleichbaren Entwicklungen zu unterliegen. In meinen Ausführungen will ich jedoch nicht in die Kristallkugel schauen und Zukünftiges deuten, sondern Tendenzen in der Entwicklung der letzten Jahre aufzeigen, um daraus mögliche Entwicklungen für die Zukunft herauszuarbeiten.

Aus dem Blickwinkel des Neo-Institutionalismus scheint es plausibel, konvergente Systemdynamiken im organisationalen Feld des SRI auszumachen. Begonnen wird mit der Konstruktion des Mythos SRI auf globaler Ebene.

In den letzten 50 Jahren hat sich aufgrund gesellschaftlicher Entwicklungen der Begriff des „ethischen" oder „sozial verantwortlichen" Investierens auf dem Finanzmarkt entwickelt. Vor allem in den entwickelten Industriestaaten in Europa sowie in USA, Kanada, Japan und Australien haben sozial-verantwortliche Anlagen einen festen Platz an den Börsen eingenommen (vgl. Kinder 2005, Kreander/McPhail 2004, Lozano et al. 2006, Bengtsson 2007, Sakuma/Louche 2008, Louche 2004, 2009, Louche/Lydenberg 2006). Die Gründe hierfür waren neue soziale Bewegungen, religiöse Gruppen, die ihre moralischen Bedenken an die Börse trugen, und neue Herausforderungen für die Menschheit sowie die Notwendigkeit zum Umweltschutz.[22]

Auf globaler Ebene hat eine enorme Informationsverdichtung hinsichtlich SRI stattgefunden. Dies zeigt sich zum einen am Aufkommen von supranationalen Initiativen in diesem Bereich. Wie in Kapitel 5.2.4 dargestellt, haben sich ohnehin bestehende Organisationen wie die UNO oder die OECD mit dem Thema befasst und Initiativen auf den Weg gebracht, die über freiwillige Selbstverpflichtungen Eingang in das Handeln von Fonds finden. Weiter hat sich eine Vielzahl von transnationalen Initiativen gebildet, die aus Akteuren des Finanzmarktes bestehen.

Zum anderen ist die Anzahl der publizierten Berichte und wissenschaftlichen Artikel zum Thema wesentlich gestiegen. Untersucht wurde dies von der Enhanced Analytics Initiative (EAI), einem Zusammenschluss von 27 institutionellen Investoren, die zusammen 1,8 Billionen Euro verwalten. Um die eigene Performance zu steigern, wird jedes Jahr die Anzahl von Forschungseinrichtungen, die zu ESG-Kriterien forschen, und die Anzahl der angefertigten Berichte zu ESG erhoben. In Abbildung 9 ist zu sehen, dass sich von 2003 bis 2006 die Anzahl der ESG-

22 Hierzu auch Kapitel 5.1 über die historische Genese des SRI.

Reports wie auch die der Forschungseinrichtungen erhöht hat: von 8 Forschungseinrichtungen im Dezember 2003 auf 33 im Juni 2006. Die Anzahl der Berichte zu ESG-Kriterien hat sich im selben Zeitraum von 16 auf 173 erhöht.

Neben dieser Erhöhung des Informationsaufkommens durch die Zunahme der Berichte und die Steigerung der Interaktionsdichte durch weitere Zusammenschlüsse von relevanten Akteuren im SRI-Feld dringt das Thema auch vermehrt an die nicht-spezialisierte Öffentlichkeit. Wie Abbildung 10 zeigt, hat sich die Zahl der ESG-Berichte, die in großen Finanzzeitungen veröffentlicht wurden, in den Jahren 2003 bis 2009 stark erhöht. Nach einem Peak im Jahr 2008, als in der Financial Times 41, im Wallstreet Journal zwei und in der Australian Financial Review zwei ESG-Berichte veröffentlicht wurden, erfolgte im Jahr 2009 ein Rückgang der Veröffentlichungen, was auf die Finanz- und Wirtschaftskrise zurückzuführen ist.

**Abbildung 9: Wachstum der Anzahl der Berichte und Forschungseinrichtungen zu ESG-Kriterien**

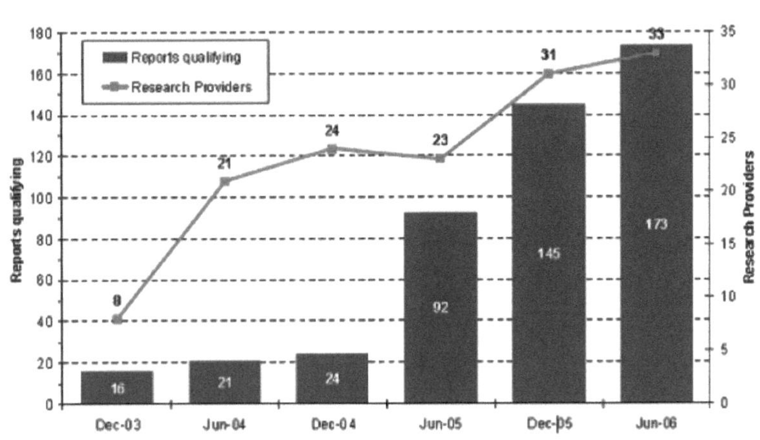


Quelle: Bourghelle, David; Jemel, Hager; Louche, Celine (2009): The Integration of ESG Information into Investment Processes: Toward an Emerging Collective Belief? Working Paper Series 26. Vlerick Leuvent Gent Management School.

**Abbildung 10: Anzahl der publizierten ESG-Berichte in namhaften Zeitungen**

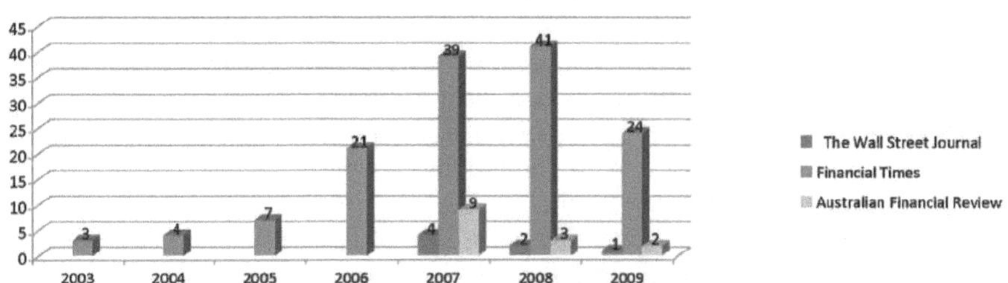


Quelle: Bourghelle, David; Jemel, Hager; Louche, Celine (2009): The Integration of ESG Information into Investment Processes: Toward an Emerging Collective Belief? Working Paper Series 26. Vlerick Leuvent Gent Management School.

Zum dritten haben sich eine Reihe von alternativen Indizes als Benchmarks sowohl auf globaler Ebene (DJSIWorld, FTSE4Good global) als auch auf europäischer Ebene (DJSTOXX Sustainability, FTSE4Good Europe, STOXX Global ESG Leaders) herausgebildet.

Als vierter Punkt ist die politische Komponente anzuführen. Auch in der Politik hat sich in den letzten zwei Jahrzehnten global ein von wissenschaftlicher Seite unterfüttertes und somit rationalisiertes Bewusstsein für neue Herausforderungen gebildet. Beispielhaft zu nennen ist die politische Anstrengung für den Klimaschutz mittels des Kyoto-Abkommens und der Absichtserklärung von Kopenhagen. Von wissenschaftlicher Seite wird der Klimawandel als gefährlich für die gesamte Menschheit dargestellt, was konzertierte Aktionen auf der weltpolitischen Ebene notwendig erscheinen lässt. Somit ist der Gedanke der Nachhaltigkeit auch im Bereich der politischen Entscheidungsbildung angekommen.

Weiter hat die Kritik an Teilbereichen des Finanzmarkts mit der Weltwirtschaftskrise 2008/2009 noch zugenommen, vor allem, was die Entkopplung des Finanzmarkts von der Realwirtschaft (vgl. Münch 2009: 300 f., Deutschmann 2006) und die durch das Shareholder value-System forcierte Fokussierung auf kurzfristige Renditen betrifft (vgl. Brandl 2006, Deutschmann 2008, Windolf 2002, 2005). An der vorherrschenden Diskussion über eine Neuordnung des Finanzsystems und neue Spielregeln lässt sich auch hier der Druck zu verantwortlicherem Handeln an der Börse ablesen.

Somit hat der hochgradig rationalisierte Mythos des SRI mittels freiwilligen Selbstverpflichtungen, Initiativen und Zusammenschlüssen, durch eine zunehmende mediale Aufmerksamkeit, rationalisierte wissenschaftliche Aussagen und eine politische Wahrnehmung weltweit an Dichte und Legitimität gewonnen.

Der auf globaler Ebene konstruierte Mythos schlägt sich nun auf europäischer Ebene nieder, indem dort dem Mythos in dem Sinne entsprochen wird, dass sich ein transnationales organisationales Feld des SRI herausgebildet hat, welches durch eine differenzierte Akteurskonstellation strukturiert wird (siehe Kapitel 5). Die Akteure gleichen sich den global vorgegebenen Mustern an und verbreiten SRI dadurch, dass sie global legitimierte Muster und Praktiken übernehmen. Dieser „top-down"-Prozess erstreckt sich über die hochgradig legitimierte Vorstellung des SRI als „ethische" und „nachhaltige" Anlageform, die entgegen kurzfristiger Gewinnorientierung einen langfristigen Mehrwert für die Gesellschaft schafft.

Als Ausdruck für die Nachfrage der privaten Anleger und institutionellen Investoren nach Möglichkeiten, sozial-verantwortlich anzulegen, wird in Abbildung 11 die Anzahl von SRI-Fonds in Europa dargestellt.[23]

---

23 Die Datenlage zu SRI-Fonds in Europa ist als äußerst komplex zu bezeichnen. So unterscheiden sich die Zahlen für AuM in SRI-Fonds in Europa im Jahr 2007 von 48 Mrd. Euro in der Vigeo-Studie (vgl. Vigeo 2009: 10) bis hin zu 2,665 Billionen in der Studie von EUROSIF (vgl. EUROSIF 2008a: 10). Dies spiegelt die semantische Ungenauigkeit und das Fehlen von einheitlichen Standards wider. Faktoren die dazu beitragen sind: 1. Welche Fonds werden gezählt? Nur Publikumsfonds und öffentliche Fonds, oder werden Pensionsfonds und damit geschlossene Fonds mitgezählt? 2. Ab wann ist ein Fonds ein SRI-Fonds? So wird bei EUROSIF zwischen Broad- und Core-SRI unterschieden, wobei diese Unterscheidung auf den angewandten Screeningmechanismen basiert. 3. Fonds können in einem Land aufgelegt, in einem anderen gemanagt und in einem dritten Land verkauft werden. Somit ist es schwer, SRI-Fonds und das gebundene Kapital direkt einem Land zuzuweisen. EUROSIF weist das Kapital eines Fonds demjenigen Land zu, in dem der Fonds gemanagt wird. Vigeo verortet das Kapital eines Fonds in dem Land, in dem die Fondsgesellschaft ihren Sitz hat. Somit wird die Gefahr einer doppelten Zählung ausgeschlossen. 4. Mit Europa ist nicht der politische Verband der Europäischen Union gemeint. Die Datenlage erstreckt sich meist nur über die wirtschaftlich stärksten Staaten innerhalb Europas. Vigeo schließt Österreich, Belgien, Dänemark, Finnland, Frankreich, Deutschland, Irland, Italien, Norwegen, Spanien, Schweden, Schweiz, Luxemburg, Niederlande und Großbritannien mit ein. EUROSIF deckt lediglich 13 Staaten datentechnisch ab, und zwar dieselben wie in der Vigeo-Studie, jedoch ohne Österreich und Irland. 5. Daraus folgt, dass die Initiativen der Europäischen Union in manchen Ländern keine oder nur begrenzte Wirkung zeigen.

**Abbildung 11: Anzahl von SRI-Fonds in Europa – akkumuliert**

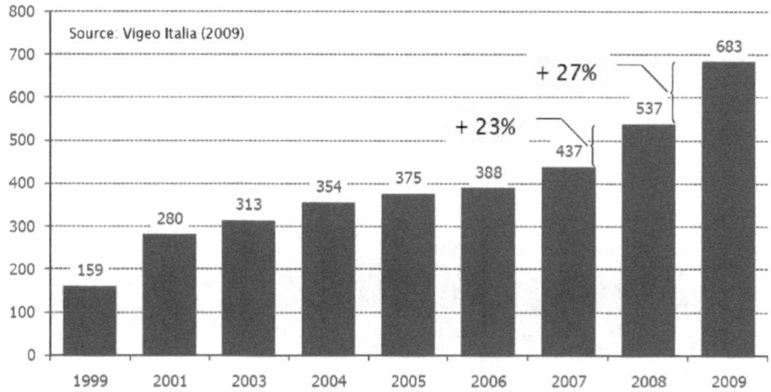


Quelle: Vigeo (2009): Green, Social and Ethical Funds in Europe. Mailand.

Deutlich wird hier der Anstieg der Anzahl der SRI-Fonds in Europa in den letzten zehn Jahren: von 159 im Jahr 1999 auf 683 im Jahr 2009. Demzufolge ist auch das in SRI-Fonds angelegt Kapital gestiegen. Dies wird in Abbildung 12 gezeigt. Die Asset under Management (AuM) sind von rund 11 Mio. im Jahr 1999 auf über 52 Mrd. im Jahr 2009 angestiegen.[24]

In meinen Ausführungen werde ich mich vor allem auf die „engeren" Daten von Vigeo und EUROSIF stützen, da diese inhaltlich mit dem „Kerngedanken" von SRI am konsistentesten sind. Der „weite" Ansatz von EUROSIF birgt die Gefahr, auch konventionelle Anlagen mit einzubeziehen, die durch einen einzigen negativen Screen ermittelt wurden.

24 Die Studie basiert auf Daten des SRI Funds Service, in der alle öffentlich zugänglichen SRI Fonds in Europa gelistet sind. Der SRI Funds Service wird von den SRI-Forschungsagenturen Avanzi und Vigeo sowie der Fonds-Ratingagentur Morningstar betrieben.

**Abbildung 12: Angelegtes Kapital (AuM) in öffentlich zugänglichen SRI-Fonds in Europa**

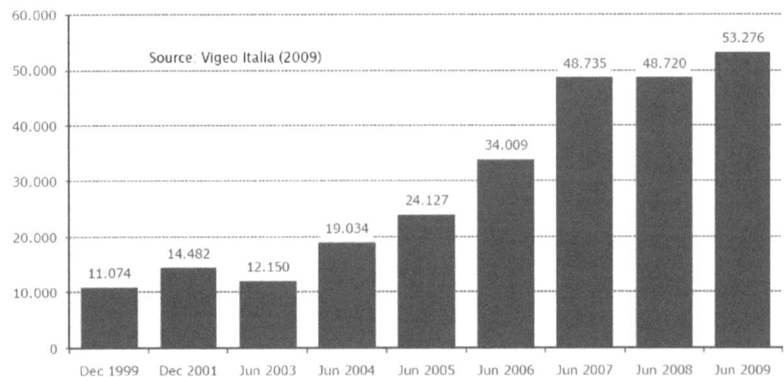


Quelle: Vigeo (2009): Green, Social and Ethical Funds in Europe. Mailand.

Somit sind isomorphe Tendenzen hinsichtlich des Anlageverhaltens auszumachen. Sowohl die Fonds als auch die Anleger entsprechen dem Mythos SRI, indem es zu einer ansteigenden Nachfrage nach SRI-Anlagemöglichkeiten und damit zu mehr aufgelegten Fonds und demzufolge zu mehr Kapital in diesen Anlageformen kommt. Befördert wird dies durch die nationalen SIFs und EUROSIF sowie durch die zahlreichen spezialisierten Ratingagenturen, die als Informations- und Forschungspool dienen.

Die Europäische Union hat durch die in Kapitel 5.2.4 dargestellten Initiativen die öffentliche Wahrnehmung in dem Bereich weiter forciert, wenn es auch (noch) nicht zu verbindlichen Vorschriften auf dieser Ebene gekommen ist. Dennoch wird seitens der Europäischen Union Druck auf die Nationalstaaten ausgeübt. Hier wirken zwei unterschiedliche Kräfte auf die Nationalstaaten. Zum Einen sehen sie sich einem weltweiten normativen Druck ausgesetzt, der bestimmte Anpassungen einfordert. Zum Anderen kommt auch von der Europäischen Union Druck, wobei dieser noch auf einem normativem Level verharrt, wenngleich die Tendenzen in Richtung zwanghaftem Druck gehen, da sehr wohl Bestrebungen auf EU-Ebene auszumachen sind, die EU-weite, gesetzliche bindende Vorschriften fordern.

Als Reaktion auf den Legitimationsdruck, der von globaler und EU-Ebene kommt, sind in den letzten Jahren von den Nationalstaaten Gesetze zur Förderung von SRI erlassen worden (siehe auch hierzu Kapitel

5.2.4). Hier kommt es dementsprechend zu normativen isomorphen Prozessen, da, wie in Abbildung 7 zu sehen ist, in Großbritannien im Jahr 2000 der Anfang gemacht wurde, und bis 2009 weitere 8 EU-Staaten[25] ähnliche Gesetze für Pensionsfonds verabschiedet haben. Noch eine Ebene tiefer kommt es zu zwanghaften isomorphen Prozessen, da die Fonds aufgrund dieser rechtlich bindenden Vorschriften ihr Anlageverhalten anpassen müssen. Es fließen vermehrt ESG-Kriterien in die Entscheidung über Anlagen ein, und diese Entscheidungen müssen aufgrund der neuen gesetzlichen Bestimmungen transparent gemacht werden. Diese verpflichtende Offenlegung führt ihrerseits wiederum zu mehr Informationen in diesem Bereich, wodurch die Akteure im Feld ihr Handeln vermehrt aufeinander abstimmen können.

Auf europäischer Ebene sind auch in semantischer Hinsicht isomorphe Tendenzen festzustellen. Bis 2001 hat eine Diskussion um die Begrifflichkeiten stattgefunden, wie SRI zu nennen sei. So haben sich Begriffe wie „ethisches Investment", „nachhaltiges Investment" oder „verantwortliches Investment" um die Vorherrschaft gestritten. Mit der Herausbildung der SIFs hat eine semantische Standardisierung stattgefunden. So ist der Begriff des SRI auf europäischer Ebene vorherrschend und wird operationalisiert durch die ESG-Kriterien. Die unterschiedlichen Strategien sind kategorisiert worden und tragen zur semantischen Homogenisierung bei (vgl. Louche 2009: 56).

Zusammenfassend lässt sich sagen:

- Auf globaler Ebene ist ein Mythos entstanden, der durch rationalisierte wissenschaftliche Expertise getragen, durch eine Zunahme von supranationalen Initiativen gefördert, durch eine Interaktions- und Informationsverdichtung fassbar gemacht, durch politischen Handlungsdruck unterfüttert und durch eine Zunahme der Veröffentlichungen zu dem Thema, auch in mainstream-Medien, an die Öffentlichkeit gelangt ist.
- Es sind isomorphe Tendenzen auf europäischer Ebene zu beobachten, die von mehreren Akteuren unterstützt werden. Dies sind die Ratingagenturen als objektive Andere, alternative Indizes als Benchmarks, die SIFs als Informations- und Interaktionspool und die Europäische Union, die durch soft-law-Instrumente Einfluss hinsichtlich einer Homogenisierung nimmt.
- Im transnational organisierten europäischen SRI-Feld kommt es zu isomorphen Entwicklungen im Anlageverhalten von privaten und institutionellen Anlegern, im Screeningverhalten der aufgelegten

25 Dies sind auch die wirtschaftlich stärksten Länder der Europäischen Union.

Fonds, bei den durch die Nationalstaaten erlassenen gesetzlichen Vorschriften zur Anlage der Pensionsfonds und hinsichtlich der Semantik.

**Abbildung 13: Konvergente Prozesse auf globaler und europäischer Ebene**

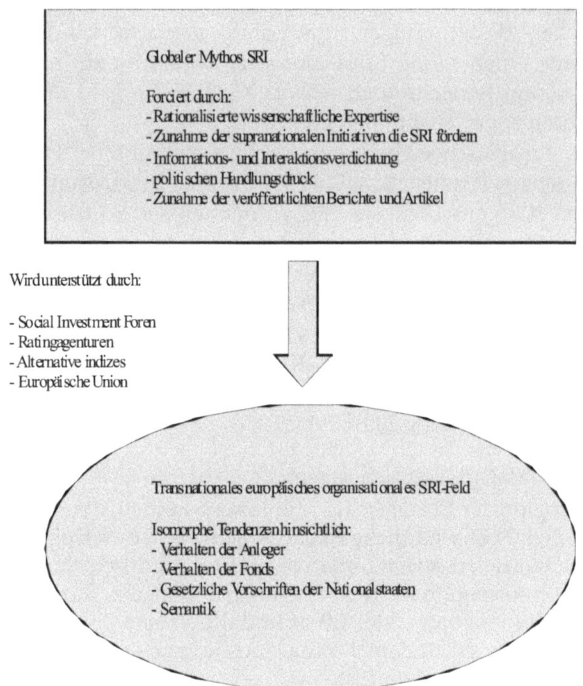


Quelle: Eigene Darstellung

Der isomorphen Diffusion des SRI von der globalen auf die europäische Ebene und in die Nationalstaaten hinein steht konzeptionell der National Business Systems-Ansatz diametral gegenüber. Der Fokus wird mit Hilfe des methodologischen Nationalismus auf die national gewachsenen Institutionen gelegt, die die Akteure strukturieren und pfadabhängige Entwicklungen plausibel erklären.

## 6.2 Divergente Entwicklungen auf nationalstaatlicher Ebene

Komparative Studien über SRI-Methoden und Prozesse in den letzten Jahren haben entgegen der in Kapitel 6.1 vertretenen These über eine konvergente Entwicklung des SRI-Marktes ergeben, dass SRI von Region zu Region und auch von Land zu Land differiert (Sparkes 2001, Lozano et al. 2006, Louche/Lydenberg 2006, Bengtsson 2007, Sakuma/Louche 2008, Waring/Edwards 2008, Louche 2009). So hat Bengtsson in seiner Untersuchung des skandinavischen SRI-Marktes, die einen Beitrag zum Thema „Varieties of SRI" liefert, darauf hingewiesen, dass durch mimetischen Isomorphismus SRI in Skandinavien von einem Nischendasein bis heute zu einem weit verbreiteten Phänomen wurde. Dies geschah durch den Auftritt von großen institutionellen Investoren, die verstärkt in SRI investierten (vgl. Bengtsson 2007: 975 ff.). Louche/Lydenberg arbeiten in ihrem Artikel heraus, dass es regionale Unterschiede im SRI-Markt zwischen Europa und den USA gibt. So sind unterschiedliche Definitionen auszumachen (vgl. Louche/Lydenberg 2006: 11 ff.) und es sind verschiedene Akteure am Werk, die mit unterschiedlichen Intentionen handeln (vgl. Louche/Lydenberg 2006: 14 ff.); auch die Implementierung erfolgt durch unterschiedliche Strategien, insbesondere unterschiedliche Screeningmechanismen (vgl. Louche/Lydenberg 2006: 21 ff.). Die Zukunft der verschiedenen Systeme wird an zwei Faktoren festgemacht: "Of the various differences among actors, vocabulary, and strategies between Europe and the United States, in the view of the authors, the factors with the greatest implications for the future of SRI in these two regions are 1, the involvementof European governments in the promotion of SRI and CSR and 2, the relatively easy access of investors in the United States to corporate proxy statements" (Louche/Lydenberg 2006: 24 f.). Sakuma und Louche weisen in ihrem Artikel aus dem Jahr 2008 darauf hin, dass der SRI-Markt in Japan eine Mischung aus US-amerikanischem und europäischem System ist.

> "Furthermore, SRI [in Japan; Anm. d. Autors] is defined as a mixture of the US and the European approach. It takes the US scope of screening, shareholder activism and community investment, in addition to the European understanding of shareholder activism/engagement" (Sakuma/Louche 2008: 432).

Aufgrund dieser unterschiedlichen Muster von SRI, die regional und nationalstaatlich differieren, ist zu vermuten, dass auch zwischen Deutschland und Großbritannien Unterschiede auszumachen sind und eine Homogenisierung hinsichtlich der Praktiken und Prozesse nicht wahrscheinlich ist. Die institutionelle Infrastruktur differiert im Bereich der Wirtschaft und der Finanzmärkte erheblich. Es wird nun Bezug auf die zweite Arbeitshypothese der vorliegenden Arbeit genommen. *Pfadabhängige Entwicklungen und Beharrungskräfte zementieren nationalstaatliche Unterschiede und es erfolgt keine Konvergenz zwischen Großbritannien und Deutschland hinsichtlich Methodik, Umfang, und Intention der Akteure auf dem SRI-Markt.*

Doch wie können divergente Entwicklungen von SRI in Großbritannien und Deutschland erklärt werden? Und sind diese empirisch festzumachen?

Als erklärende Faktoren sind nach Hall/Soskice (2001) und Lundvall (1999, 2002) zum einen basale Unterschiede in den Wirtschafts- und Innovationssystemen der beiden Länder auszumachen sowie in Anlehnung an Whitley (1994b, 1999) zum anderen unterschiedliche National Business Systems, die von länderspezifischen Hintergrundinstitutionen abhängen. Die Frage ist, wie schnell und in welchem Ausmaß wird SRI in einem Land adaptiert, kann es dort eventuell auf bestehende Infrastruktur zurückgreifen und wie übersetzen die Akteure des SRI-Marktes Praktiken in lokale Kontexte?

Schließlich ist die historische Genese von SRI in den Ländern auf unterschiedliche Ursprünge zurückzuführen, wobei die Akteure zu unterschiedlichen Zeitpunkten unterschiedliche Intentionen verfolgten. Das folgende Kapitel wird zur Klärung der genannten Fragen in drei Unterkapitel geteilt. 1. institutionelle Voraussetzungen, 2. empirische Datenlage und 3. Plausibilisierung.

### 6.2.1 Institutionelle Voraussetzungen in Deutschland und Großbritannien

Hall und Soskice unterteilen die Staaten der OECD idealtypisch in zwei Gruppen. Demnach sind auf der einen Seite die Länder der Liberal Market Economies (LME) und auf der anderen Seite die Länder der Coordinated Market Economies (CME) auszumachen. Die unterschiedlichen Kapitalismusformen determinieren die Arten des Wirtschaftens in verschiedener Weise. Als Hauptprozess sehen die Autoren institutionelle Komplementaritäten.

> "This point about institutional complementarities has special relevance for the study of comparative capitalism. It suggests that nations with a particular type of coordination in one sphere of the economyshould tend to develop complementary practices in all other spheres as well" (Hall/ Soskice 2001: 18).

Deutschland wird als Vertreter der *Coordinated Market Economies* gesehen. So ist das Finanzierungssystem typischerweise so angelegt, dass Unternehmen Kapital erhalten, welches nicht vom Finanzmarkt, sondern von Krediten aus dem Bankensektor stammt. Dies ermöglicht es den Unternehmen, mittel- bis langfristig zu operieren und beispielsweise Arbeitskräfte auch bei ökonomischen Abschwungphasen länger zu halten (vgl. Hall/Soskice 2001: 22). Die Firmen sind eng mit ihren Stakeholdern, dem Bankensektor und dem Staat vernetzt, wobei Informationen über die Performance von Unternehmen aus diesem Netzwerk kommen.

Dieses Konzept des kooperativen Kapitalismus in Deutschland, auch beschrieben bei Deutschmann (2006, 2008) und Bayer (2006), ist jedoch in Auflösung begriffen. Die Übernahme von Mannesmann durch Vodafone im Jahr 1999 markierte eine Wende hin zu einem vermehrten Shareholder-Modell in der Wirtschaft, die jedoch noch nicht endgültig vollzogen ist. Auch gesetzlich wurde ab 1998 der Weg hin zu einem Shareholder-Modell geebnet. Unternehmen wurde es einfacher gemacht, an die Börse zu gehen und es fand eine Hinwendung zum angelsächsischen corporate governance-Modell statt (vgl. Vitols 2001: 346 ff.). Dennoch sind grundlegende Institutionen des „kooperativen Kapitalismus" weiterhin vorherrschend und eine völlige Auflösung des Systems und eine Hinwendung zum angelsächsischen Modell nicht beendet.

Unternehmensintern werden Entscheidungen meist im Konsens unter Einbeziehung von mehreren Stakeholdern sowie den Arbeitnehmern oder Gläubigern getroffen. Auch hier regiert das Paradigma von mittel- bis langfristigem Wachstum, das nicht zu Lasten der Arbeitnehmer oder Stakeholder geht (vgl. Hall/Soskice 2001: 24).

Unter den Arbeitskräften sind viele gut ausgebildete Facharbeiter, die ihre Löhne durch sektorspezifische Tarifverhandlungen unter Einbeziehung von Gewerkschaften aushandeln. Betriebsräte sichern den Arbeitnehmern Mitbestimmung in den Unternehmen. Diese Institutionen generieren Sicherheit für die Arbeitnehmer wie auch für die Arbeitgeber (vgl. Hall/Soskice 2001: 24 f.).

Das Aus- und Weiterbildungssystem ist in Deutschland so angelegt, dass gut qualifizierte Arbeitnehmer unter der Aufsicht des Staates und der Gewerkschaften ausgebildet werden und den Unternehmen zur Verfügung stehen. Durch firmenspezifische Weiterbildungen wird der Arbeitnehmer an den Betrieb gebunden oder steht bei einem Wechsel des Arbeitsplatzes mit einer fundierten Ausbildung für den Arbeitsmarkt zur Verfügung (vgl. Hall/Soskice 2001: 25 f.).

Technologietransfer zwischen Unternehmen wegen Rotationen am Arbeitsmarkt ist aufgrund meist langfristiger Beschäftigungsverhältnisse nicht gewährleistet. Die Diffusion von neuen Technologien wird jedoch teils von staatlicher Seite, teils von Industrie- und Handelsverbänden gezielt unterstützt und für Sektoren zugänglich gemacht (vgl. Hall/Soskice 2001: 26).

Im Gegensatz dazu wird Großbritannien als Vertreter der Liberal Market Economies gesehen. Das Finanzierungssystem für Unternehmen läuft in diesem System zu einem großen Teil über die Finanzmärkte, wobei die Unternehmen sich Kapital nicht von Banken, sondern an den Kapitalmärkten beschaffen. Dies führt zu einer größeren Abhängigkeit von Shareholder-Interessen und damit von kurz- bis mittelfristigen Renditeinteressen (vgl. Vitols 2001: 351). Feindliche Übernahmen werden erleichtert, wenn der Marktwert einer Firma fällt und den Anteileignern Angebote für ihre Aktien gemacht werden können.

> "On the whole, however, the markets for corporate governance in LMEs encourage firms to focus on the publicly assessable dimension of their performance that affect share price, such as current profitability" (Hall/Soskice 2001: 29).

Im Beziehungsgeflecht von Arbeitgebern und Arbeitnehmern sind lediglich schwache Bande vorherrschend. Das Prinzip „hire and fire" fußt auf einer größeren Flexibilität auf beiden Seiten. Betriebsräte und Gewerkschaften sind nur schwach ausgeprägt, was zu firmenspezifischen Tarifverträgen führt. Der Marktmechanismus wird in wesentlich größerem Ausmaß am Arbeitsmarkt verwirklicht und führt zu flexiblen Arbeitsmärkten (vgl. Hall/Soskice 2001: 29 f.).

Das Aus- und Weiterbildungssystem in Großbritannien ist zum Erlernen generalisierter Fähigkeiten ausgelegt, da Firmen wenig Weiterbildungen anbieten und dies auch den Arbeitsplatzwechsel erleichtert und Fertigkeiten somit nicht firmenspezifisch erlernt werden. Das Ergebnis sind Arbeitskräfte, die durch generalisiertes Wissen für mehrere Jobs ausgebildet sind, teilweise mangelt es jedoch an hochspezialisierten Arbeitskräften (vgl. Hall/Soskice 2001: 30).

Die Beziehungen zwischen Marktteilnehmern ist in hohem Maße kontraktuell geregelt und wird durch Behörden überwacht. Die Diffusion von Wissen und Technologie regelt sich – im Gegensatz zu Deutschland – über die Rotation auf dem Arbeitsmarkt. Der Lizenzierung und Patentierung von neuen Produkten wird viel Aufmerksamkeit geschenkt, da dadurch eine Stellung auf dem Markt behauptet werden kann. Im Gegensatz zu CMEs spielen joint ventures in LMEs eine kleinere Rolle (vgl. Hall/Soskice 2001: 30 ff.).

Zusammenfassend lässt sich sagen, dass sich die Volkwirtschaften Deutschlands und Großbritanniens hinsichtlich der Dimensionen, die von

Hall und Soskice herausgearbeitet wurden, sehr unterscheiden. Das Institutionengefüge auf dem Arbeitsmarkt, das Aus- und Weiterbildungssystem, die Beziehungen zwischen Unternehmen, die Arbeitnehmer-Arbeitgeberbeziehungen und das Finanzsystem sind in hohem Maße verschieden und werden durch den Prozess der institutionellen Komplementarität noch verstärkt.

Hinsichtlich der Innovationssysteme lässt sich nun schließen, dass es aufgrund der verschiedenen institutionellen Einbettung Unterschiede zwischen den beiden Ländern Deutschland und Großbritannien geben sollte. Mehrere Autoren beschreiben, dass es keine einheitlichen Innovationssysteme der Industrieländer gibt (vgl. Audretsch/Fritsch 2003, Gregersen/Johnson 1996), sondern sich unterscheidende Systeme (vgl. Lundvall 1999, 2002).

Jedes Land hält aufgrund seiner Historie – und damit seines institutionellen Set-ups – bestimmte Chancen für Innovationen bereit. Wie schon in Abbildung 2 gezeigt, sind es verschiedene Faktoren, die die Innovationsleistung eines Staates bestimmen. Folgt man nun den Ausführungen Hall und Sokices und überträgt diese auf die Innovationsleistung, so müssten unterschiedliche Performances zwischen Deutschland und Großbritannien auszumachen sein.

Wie in Abbildung 14 zu sehen ist, sind Deutschland und Großbritannien jedoch trotz ihrer verschiedenen institutionellen Set-ups beide in den Spitzengruppen der Europäischen Union vertreten.

**Abbildung 14: Innovationsleistung innerhalb der Europäischen Union**

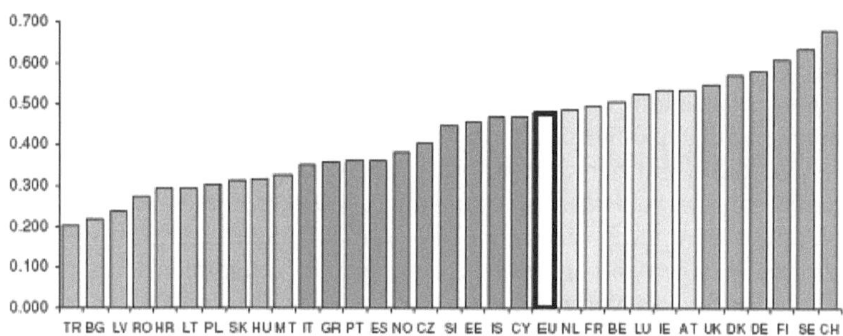


Quelle: Europäische Kommission (2009): European Innovation Scoreboard 2008. Comparative analysis of innovation performance.

Dies lässt den Schluss zu, dass es, wie in Kapitel 4.2 beschrieben, unterschiedliche Lösungsstrategien für Koordinationsprobleme gibt, die jedoch alle erfolgreich sind. Dennoch lässt sich, folgt man der Argumentation von Hall und Soskice, ein Unterscheidungsmerkmal herausfiltern. Es wird unterschieden zwischen inkrementellen und radikalen Innovationen, wobei CMEs mehr inkrementelle Innovationen hervorbringen und LMEs verstärkt auf radikale Innovationen setzen.

> "It will be easier to secure incremental innovation where the workforce (extending all the way down to the shop floor) is skilled enough to come up with such innovations, secure enough to risk suggesting changes to products or process that might alter their job situation, and endowed with enough work autonomy to see these kind of improvements as dimensions of their jobs" (Hall/Soskice 2001: 39).

Der nationale institutionelle Kontext von CMEs fördert inkrementelle Innovationen.

Demgegenüber stehen die LMEs, deren institutionelles Set-up eher radikale Innovationen fördert. Die Ausrichtung der Unternehmen auf ein shareholder value-Modell, welches schnell Rendite erzielen will und die stark hierarchische Firmenkontrolle, die den Arbeitern Sicherheit vorenthält, tragen zu einem schnelllebigeren Innovationsmodell bei.

> "Fluid labour markets and short job tenures make it rational for employees to concentrate more heavily on their personal career than the firm's success and on the development of general skills rather than the industry- or company-specific skills conducive to incremental innovation" (Hall/Soskice 2001: 40).

Zusammenfassend lässt sich folgern, dass es, trotz verschiedener institutioneller Set-ups, den Staaten gelingt, ihre Koordinationsprobleme erfolgreich zu lösen. Lediglich die Arten von Innovationen unterscheiden sich, was jedoch am Netto-Wirtschaftswachstum nichts ändert. Es ist zu vermuten, dass eine Spezialisierung auf unterschiedliche Industriesektoren hier zum Tragen kommt.

Wird SRI mit den dort auftretenden Akteuren, den Produkten und Interaktionsmechanismen als Innovation wahrgenommen, so lässt sich folgern, dass in LMEs eine schnellere Aufnahme und Anpassung der institutionellen Umwelt an diese Neuerungen vorgenommen wird, da flexiblere Strukturen vorherrschend sind und die Finanzmärkte eine wesentlich größere Rolle spielen. CMEs mit ihrer eng vernetzen Wirtschaft, die auf mittel- bis langfristige Gewinnmaximierung ausgelegt ist, die eine engere Anbindung der Stakeholder eingeht und die auf inkrementelle Innovationen baut, ist wesentlich robuster und nicht so schnell bereit, neue Produkte und Praktiken zu übernehmen. Somit kann auch hier vermutet werden, dass SRI-Produkte und -Praktiken in LMEs aufgrund der vorherrschenden Art von Innovationen schneller angenommen werden und erfolgreicher sind als in CMEs.

SRI-Praktiken können unterschiedlicher Natur sein. So können die Anleger, die Screeningmechanismen und die Produkte differieren. Weiter können Unterschiede zwischen Ländern hinsichtlich der Anzahl der aufgelegten Fonds und damit auch der AuM in SRI-Fonds bestehen. Diese möglichen Unterschiede lassen sich bis zu einem bestimmten Maße auf die soziale Einbettung der Wirtschaftsunternehmen und damit ihre speziellen Interaktionsmechanismen zurückführen. Untersucht werden können diese Prozesse mit Hilfe des Business Systems-Ansatz von Whitley (vgl. Whitley 1994b, 1999, 2003).

> "Business systems are understood as the sum of general practices and value orientations which characterise both the internal organisation of business units and their relation with their external environment. They are regarded as constituent by the social-institutional environment" (Lane 1994: 64).

Dem Staat kommt als Hintergrundinstitution eine tragende Rolle zu. Business-Systems können sich als Systeme von ökonomischer Organisation auf mehreren Ebenen herausbilden, sowohl auf regionaler und nationaler als auch auf internationaler Ebene. Lediglich die Stärke und Integration der Akteure bestimmt deren Grenzen (vgl. Whitley 1999: 46). Die nach wie vor bestehende Stärke der Nationalstaaten in der Europäischen Union hinsichtlich kultureller Symbolik und integrativer Funktion lässt einen methodologischen Nationalismus logisch erscheinen. Vergleicht man die einzelnen Faktoren des NBS-Ansatzes, so erscheint diese Herangehensweise als notwendig.

Staatliche Handlungen beeinflussen direkt und indirekt das Business System eines Landes. Vergleicht man Großbritannien und Deutschland, so werden erhebliche Unterschiede offenbar. So ist durch die föderale Aufteilung Deutschlands, mit klar festgeschriebenen Kompetenzen für die Länder und für den Bund, die Wirtschaftspolitik sehr dezentral gestaltet und es können gezielt Regionen gefördert werden. Die soziale Marktwirtschaft ist das vorrangige Prinzip in der Wirtschaftspolitik. Ein enges Netzwerk von Gewerkschaften, Industrievertretungen und Handelskammern gestaltet mit Hilfe der Regierungen die Wirtschaftspolitik. Demgegenüber steht Großbritannien, dessen Regionen verfassungsmäßig nur wenig Einfluss auf die Zentralregierung in London haben. Hier ist eine sehr zentralisierte Form des Staates vorherrschend und die Legitimität der Maßnahmen der Regierung sind aufgrund der mangelhaften Vertretung durch Gewerkschaften und regionale Repräsentanten zweifelhaft (vgl. Lane 1994: 66 f.).

Ähnlich wie bei Hall und Soskice beschrieben, wird das deutsche Finanzierungssystem im NBS-Ansatz als kreditbasiert bezeichnet. Enge Verknüpfungen von Banken, Industrie und dem Staat als Mediator prägen das System. Es werden langfristige Kredite vergeben, was den Unternehmen Spielraum für Entscheidungen gibt, auch Entscheidungen, die nicht sofort auf eine Gewinnmaximierung hinauslaufen. Neben den großen Banken gibt es jeweils regionale und Landesbanken, die sich auf die Kreditvergabe für kleine und mittlere Unternehmen spezialisiert haben. Das britische Finanzierungssystem ist wesentlich kapitalmarktorientierter. Institutionelle Investoren versorgen die Firmen mit Kapital, wobei Banken nur ein Akteur unter mehreren sind. Das Bankensystem ist zentralisiert und Kredite werden meist nur kurzfristig vergeben. Durch diese Fokussierung auf kurzfristige Gewinne, durch das Shareholder-value-Modell der Unternehmensfinanzierung noch befördert, ist der Druck auf Unternehmen wesentlich höher, Rendite zu erwirtschaften. Unternehmensübernahmen sind wahrscheinlicher und die Sicherheit der Arbeitsplätze ist nicht in dem Maße vorhanden wie in Deutschland (vgl. Lane 1994: 68 f.; Wood 2001).

Einschränkend muss darauf hingewiesen werden, dass sich das deutsche Finanzsystem in den letzten Jahren stark verändert hat. So gab es einige Unternehmensübernahmen, und das Shareholder-value-Modell ist auch hier auf dem Vormarsch.[26]

Das duale Ausbildungssystem in Deutschland versorgt die Industrie mit sehr gut ausgebildetem Personal. Firmeninterne Fortbildungsmöglichkeiten sichern den Unternehmen hochspezialisierte Fachkräfte, die eng an ihren Arbeitsplatz gebunden sind. Das britische System ist eher generalisiert und es wird weniger Wert auf Weiterbildung gelegt. Flexiblere Arbeitsmärkte sind die Folge. Die Verknüpfung von Industrie und Forschungseinrichtungen ist in Deutschland enger, Fachhochschulen stehen exemplarisch für die Verbindung von Forschung und Anwendung. Forschungs- und Entwicklungsausgaben sind in Deutschland höher und diversifizierter. So beteiligen sich die Industrie, der Staat und die Regionen gleichermaßen an den Aufwendungen für Forschung und Entwicklung (vgl. Lane 1994: 70 ff.).

26 Zur Diskussion über das „deutsche" Modell der Wirtschaftsordnung und die Veränderungen in den letzten Jahren: Deutschmann (2006, 2008), Brandl (2006), Streeck (1999), Vitols (2004a), Günther (2007), Bayer (2006). Zur Diskussion über eine „deutsches" Shareholder-Value-Modell: Vitols (2004b, 2005).

Auch wenn in beiden Volkswirtschaften industrielle Vereinigungen vorhanden sind, so unterscheidet sich das Ausmaß der Organisation doch erheblich. In Deutschland besteht eine obligatorische Mitgliedschaft für Unternehmen in der Industrie- und Handelskammer (DIHK). Es werden Leistungen für Unternehmen hinsichtlich Weiterbildung der Mitarbeiter angeboten und eine Lobbyfunktion hinsichtlich der Interessen der Mitglieder erfüllt. Im Bundesverband der deutschen Industrie (BDI) sind sowohl Industrieunternehmen als auch industrienahe Dienstleister vertreten. Der BDI unterstützt die Mitglieder aus der Wirtschaft durch Interessenvertretung, Meinungsbildungsprozesse und Informationen. Prozentual sind viele Unternehmen dort organisiert (vgl. Bundesverband der Deutschen Industrie 2010). Demgegenüber sind Industrieverbände und Handelskammern in Großbritannien nur marginal ausgeprägt. Durch einen weit geringeren Organisationsgrad der Unternehmen in Verbänden und Kammern erfüllen diese Vereinigungen nicht dieselbe Funktion wie in der deutschen Wirtschaft. Britische Firmen können als isolierter gesehen werden (vgl. Lane 1994: 72 f.).

Das System der industriellen Beziehungen kann anhand von vier Faktoren aufgearbeitet werden. Anhand der Effektivität von Konfliktlösungen, der Arbeitsmarktflexiblität, des gewerkschaftlichen Organisationsgrades und der nationalen Homogenität der Verhandlungen. Deutschland hat durch formalisierte Verhandlungsstrukturen zwischen Arbeitgeberverbänden und Gewerkschaften eine höchst effiziente Problemlösungsstrategie entwickelt. Der Organisationsgrad in Gewerkschaften nimmt in den letzten Jahren ab, ist jedoch im Vergleich zu England hoch. Der Arbeitsmarkt ist eher unflexibel, dies wird jedoch durch eine enge Bindung der Arbeitnehmer an die Unternehmen ausgeglichen. Weiter gehen die Interessen der Gewerkschaften über reine Lohnverhandlungen hinaus und können durch die hohe Akzeptanz in der Gesellschaft auch wirkungsvoll artikuliert werden. Das System der industriellen Beziehungen ist in Großbritannien wesentlich heterogener. Verschiedene Verhandlungsstrukturen auf unterschiedlichen Ebenen mit konkurrierenden Gewerkschaften führen zu einer Zersplitterung der Arbeitnehmerinteressen. Dadurch ist der Arbeitsmarkt flexibler, bietet aber auch weniger Sicherheit für die Arbeitnehmer (vgl. Lane 1994: 73 ff.).

Somit unterscheiden sich Großbritannien und Deutschland hinsichtlich der Rolle, die der Staat spielt, hinsichtlich des Finanzsystems, des Aus- und Weiterbildungssystems sowie hinsichtlich der Wirtschaftsverbände und des Systems der industriellen Beziehungen.

Es sind also strukturelle Unterschiede bezüglich des institutionellen Set-ups in den Ländern zu verzeichnen. Der institutionelle Kontext prägt die Akteure in den zwei Volkswirtschaften und verstärkt durch institutionelle Komplementaritäten deren Verschiedenheit. Pfadabhängige Entwicklungen festigen die Institutionen, und Beharrungskräfte machen eine substanzielle Änderung des einmal eingeschlagenen Weges aufgrund hoher Kosten sehr schwer.

### 6.2.2 Empirische Datenlage

Es kann nun argumentiert werden, dass diese institutionellen Set-ups auch die nationalen SRI-Märkte beeinflussen. Unterschiedliche institutionelle Ausgangssituationen führen zu verschiedenen Chancen für SRI in den zwei Ländern. Lokale Akteure berufen sich bei ihrer Tätigkeit auf lokale Institutionen und übernehmen SRI-Produkte und -Prozesse nach den lokalen Gegebenheiten. Diese institutionellen Grundvoraussetzungen führen zu Unterschieden im Bereich SRI. So können drei zentrale Fragen gestellt werden, die die Differenzen sichtbar werden lassen:

1. Wie viel wird angelegt?
2. Welche Anlegergruppe legt an?
3. In welche Produkte wird angelegt?

Zu 1.:
Deutschland hat im Vergleich zum angelsächsischen Raum einen unterentwickelten Finanzmarkt. Die Umsätze an den deutschen Börsen sind wesentlich geringer als in Großbritannien. Gesellschaftlich ist der Finanzmarkt bei weitem nicht so weitgehend verankert wie in Großbritannien. So finanzieren sich einerseits Unternehmen nicht in dem Maße über den Finanzmarkt wie dort, andererseits beteiligen sich die Bürger nicht an den möglichen Gewinnen bzw. Verlusten der Börse. Dies kann durch die Aktionärsquote ausgedrückt werden. So waren im Jahr 2009 8,8 Mio. Bundesbürger direkt oder indirekt am Aktienmarkt investiert. Dies entspricht einer Quote von 13,6 % (vgl. Pachtner 2010). Großbritannien liegt mit einer Aktionärsquote von mehr als 21% weit darüber.[27] Daraus folgend sollte SRI sowohl von der Anzahl der Fonds her als auch hinsichtlich der AuM in Großbritannien eine größere Bedeutung haben. Ende Dezember 2009 wurden laut EUROSIF in Großbritannien 54,7 Mrd. Euro in

27 Da das britische Rentensystem im Gegensatz zum deutschen zu einem Großteil über Pensionsfonds geregelt ist, kann davon ausgegangen werden, dass fast jeder Brite, der in eine Pensionskasse einzahlt, indirekt am Aktienmarkt investiert. Die 21% sind jedoch direkte private Beteiligungen am Finanzmarkt.

„core"-SRI-AuM verwaltet, dem stehen 12,2 Mrd. Euro in Deutschland gegenüber (EUROSIF 2010). Auch die Anzahl der aufgelegten Fonds differiert. Wie Abbildung 15 zeigt, sind im Juni 2009 in Deutschland 61 SRI-Fonds aufgelegt, in Großbritannien 98.

**Abbildung 15: Anzahl der in verschiedenen Ländern ansässigen SRI-Fonds.**

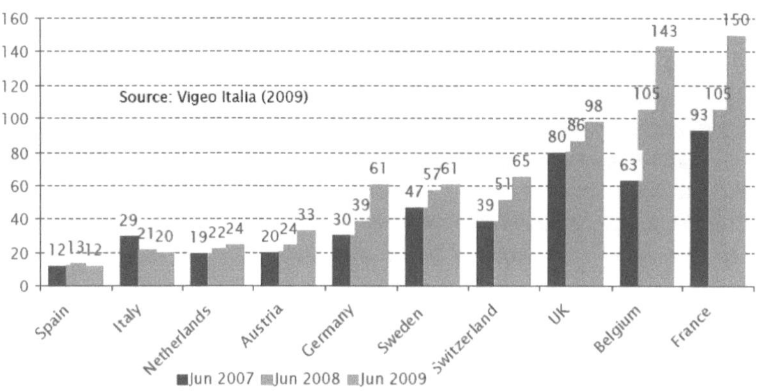


Quelle: Vigeo (2009): Green, Social and Ethical Funds in Europe. Mailand.

Zu 2.:

Es differieren auch die Anlegerstrukturen der beiden Länder. Prinzipiell kann zwischen institutionellen und privaten Investoren unterschieden werden. Institutionelle Investoren sind Stiftungen, Pensionskassen, Versicherungen und Verbände gleich welcher Couleur. Private Investoren können in High Net Worth Individuals und Kleinanleger unterschieden werden, wobei diese beiden Gruppen zusammen behandelt werden. Wie in Abbildung 16 ersichtlich wird, sind es in Deutschland circa 50% institutionelle Investoren, die in SRI anlegen, während es in Großbritannien über 90% sind.

**Abbildung 16: Anteile der institutionellen und Kleinanleger**

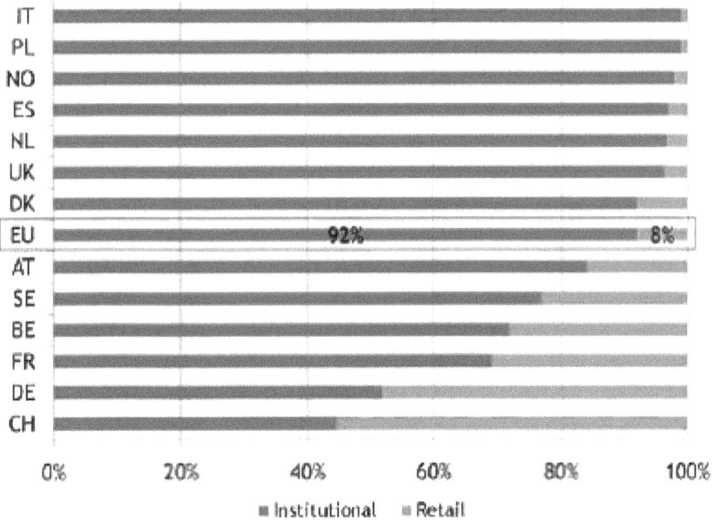


Quelle: EUROSIF (2010): European SRI Study.

Zu 3.:
Wie schon gezeigt, hat SRI insgesamt auf dem europäischen Finanzmarkt an Bedeutung gewonnen, und sowohl die Anzahl der SRI-Fonds als auch die AuM sind enorm angewachsen. Es sind jedoch nicht nur hinsichtlich des angelegten Volumens und der Anlegerstruktur enorme Unterschiede zwischen Deutschland und Großbritannien zu erkennen, sondern es sind auch Differenzen bei der Auswahl der Produkte zu sehen. Abbildung 17 zeigt, dass bei einer Unterteilung der SRI-Produkte in „broad" und „core"-SRI, in Deutschland im Jahr 2009 über 90% des in SRI-Produkten angelegten Kapitals die Kriterien für „core"-SRI erfüllen. In Großbritannien wird hingegen nur unter 10% des angelegten Kapitals in „core"-SRI investiert. „core"-SRI wird dabei definiert, indem mindestens drei negative Kriterien (ethical exclusion) und mindestens ein positives Kriterium (Best-in-Class-Ansatz, Themenfonds) angewandt werden. Eine Kombination aus diesen beiden wird als „core"-SRI verstanden. Der „broad"-Ansatz zeichnet sich lediglich durch simples Screening nach nicht mehr als zwei Kriterien und mögliches Engagement (durch Shareholder Resolution) aus.

**Abbildung 17: Anteile von Asset under Management in „broad" und „core"-SRI nach Ländern**

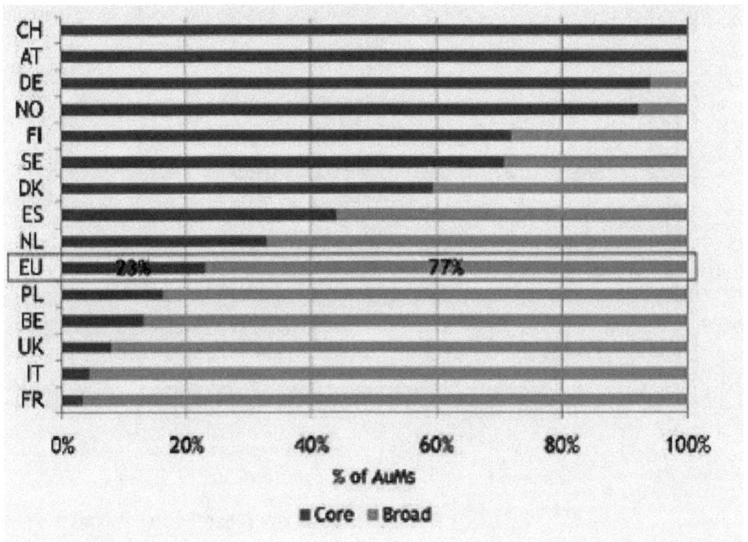


Quelle: EUROSIF (2010): European SRI Study.

Im gesamteuropäischen Vergleich ist, wie Abbildung 18 zeigt, in absoluten Zahlen die Integration von ESG-Aspekte in die konventionelle Finanzanalyse am weitesten verbreitet, gefolgt von einem Engagement-Ansatz und einfachen Negativkriterien. Im „core"-Ansatz sind ethischbasierte Negativkriterien gefolgt von Best-in-Class-Ansätzen und Themenfonds die meistangewandten SRI-Strategien.

**Abbildung 18: SRI-Strategien in Gesamteuropa**

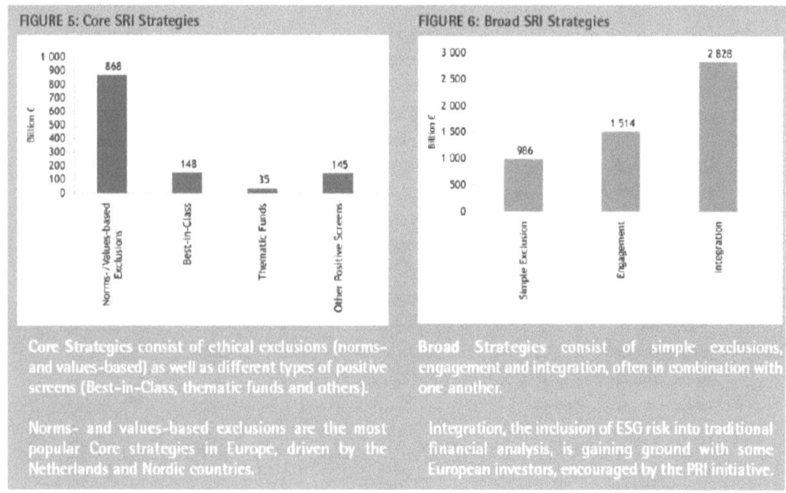


Quelle: EUROSIF (2010): European SRI Study.

Bei genauerer Betrachtung der verwendeten Screenings wird der Unterschied zwischen den Ländern auch hier sehr deutlich. Wie in Abbildung 19 zu sehen ist, spielen ethische Screens in Deutschland eine große Rolle. Ethische Exklusion und Best-in-Class Screenings werden meist gemischt angewandt. Themenfonds, die sich auf bestimmte nachhaltige Technologien oder den Umweltschutz spezialisiert haben, und andere positive Screenings sind ebenfalls von Bedeutung. Da, wie in Abbildung 17 gezeigt wird, über 90% der SRI-Fonds in Deutschland „core"-SRI-Strategien anwenden, gibt es meist einen Mix aus den verschiedenen Screeningmethoden, die aber ein bestimmtes Niveau nicht unterschreiten.[28]

Der Vergleich mit den Screeningmethoden in Großbritannien in Abbildung 20 zeigt die Unterschiede. So werden relativ gesehen kaum thematische Screens durchgeführt. Es dominiert mit weitem Abstand die ethische Exklusion, was drei oder mehr negative Kriterien bedeutet. Auch der Best-in-Class-Ansatz hat einen verschwindend geringen Anteil an den gesamt durchgeführten Screenings.

28 Dazu auch: Forum Nachhaltige Geldanlagen (2008).

**Abbildung 19: SRI-Strategien in Deutschland**

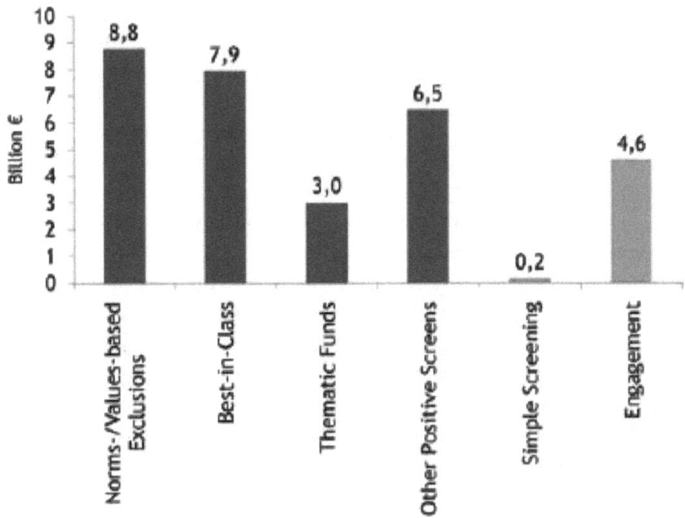


Quelle: EUROSIF (2010): European SRI Study.

**Abbildung 20: Strategien von „core"-SRI in Großbritannien**

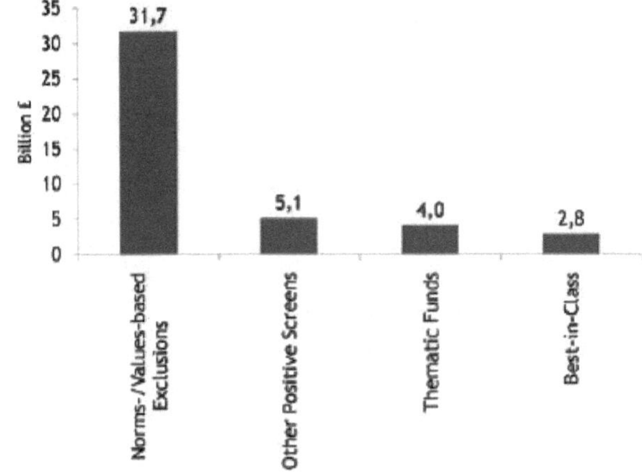


Quelle: EUROSIF (2010): European SRI Study.

### 6.2.3 Plausibilisierung

Die beiden Länder unterscheiden sich also hinsichtlich der Volumina, die in SRI angelegt sind, hinsichtlich der Anlegergruppen und hinsichtlich der Screeningmethoden, die zur Anwendung kommen. Wie kann dies plausibel erklärt werden?

Der Finanzmarkt ist in Großbritannien wesentlich stärker gesellschaftlich verankert. Pensionsfonds, die in Deutschland erst mit Einführung der Riester-Rente zur privaten Altersvorsorge einen größeren Marktanteil erlangten, sind in Großbritannien Bestandteil des Rentensystems und damit der Finanzmärkte, und treten als große institutionelle Investoren auf. Somit sind erhebliche Teile der Rente am Finanzmarkt investiert. In Deutschland wird die Rente durch staatliche Rentenkassen finanziert und seit ein paar Jahren lediglich durch private Vorsorge ergänzt. Das angelsächsische Finanzsystem, welches in LMEs vorherrscht, vertraut bei der Finanzierung von Unternehmen wesentlich stärker auf eine Kapitalbeschaffung durch die Ausgabe von Aktien, während in Deutschland ein bankengestütztes Kreditsystem weiterhin Bestand hat. Somit können die größeren Volumina in Großbritannien durch die historisch gewachsenen Kapitalmarktsysteme erklärt werden, an denen große institutionelle Akteure wie Pensionsfonds und kirchliche Gruppen investiert sind.

Dies erklärt auch die unterschiedlichen Anlegergruppen. So legen in Großbritannien wesentlich mehr institutionelle Investoren in SRI an als in Deutschland. Dies kann durch die Akteure am Finanzmarkt erklärt werden. Institutionelle Investoren wie Pensionsfonds, die große Mengen an Kapital anlegen, gibt es aufgrund der fehlenden bzw. noch nicht weit entwickelten privaten Altersvorsorge in Deutschland in weit geringerem Ausmaß.

Kirchliche Gruppen hatten in Großbritannien bei der Entwicklung von SRI einen sehr großen Anteil und haben seit Auflegung der ersten Fonds ihre religiösen Wertvorstellungen an die Börse getragen. Auch diese Gruppe ist in Deutschland bei weitem nicht so stark am Finanzmarkt investiert. Somit können private Anleger bei einem wesentlich geringeren Anlagevolumen in Deutschland auch in Relation einen größeren Anteil am Gesamtanlagevolumen für sich beanspruchen.

Das Finanzsystem der beiden Länder prägt die Entwicklung von SRI-Produkten, deren Volumen und die Anlegergruppen entscheidend. Eine Beharrung auf einem angelsächsischen Kapitalismus- und Finanzmarktsystem strukturiert bis heute SRI in Großbritannien.

Weiter kann SRI in Großbritannien als funktionales Äquivalent gesehen werden, wenn man annimmt, dass SRI als ein Mittel wahrgenommen und ausgeübt wird, um unternehmerisches Handeln in dem Sinne zu beeinflussen, dass die Firmen kontrolliert und reguliert werden und dass dies nach Maßgabe von ESG-Kriterien der Anleger erfolgt, es also der Verbesserung der ökologischen Nachhaltigkeit, der sozialen Einbettung von Unternehmen und der Verbesserung der Arbeitnehmerbedingungen in Unternehmen dient. Man sieht hier, dass LMEs hinsichtlich dieser drei Kriterien wesentlich unregulierter sind als CMEs. Die soziale Einbettung ist aufgrund eines Shareholder-Value-Modells von Firmen in LMEs wesentlich schwächer ausgeprägt als in CMEs. Die Arbeitnehmerrechte und -bedingungen sind in LMEs aufgrund fehlender Betriebsräte und mangelhafter gewerkschaftlicher Organisation ebenfalls nicht in dem Maße vorhanden wie in CMEs. So kann gefolgert werden, dass SRI als funktionales Äquivalent zu den in CMEs bestehenden Regulierungen in diesen Bereichen gesehen werden kann, falls SRI in LMEs einen höheren Stellenwert besitzt als in CMEs – ausgedrückt durch die Anzahl der Fonds und die AuM in SRI-Fonds (vgl. Waring/Edwards 2008: 141 ff.). Funktionales Äquivalent ist es in dem Sinne, dass nicht bestehende Regulierungen durch Produkte auf dem Markt ausgeglichen werden, da ein Effizienz- und Legitimationsdruck in LMEs vorherrscht, der nur durch diese Produkte auf dem Markt befriedigt werden kann. Die institutionelle Komplementarität der LMEs erleichtert es SRI-Produkten, auf dem Markt angenommen zu werden, da sie gesellschaftlich gefordert werden. Ähnlich argumentieren Matten/Moon (2008) in ihren Ausführungen über CSR-Praktiken. So werden in Ländern mit angelsächsischem Kapitalismusmodell explizite CSR-Modelle bevorzugt, während in kontinentaleuropäischen Ländern implizite CSR-Praktiken angewendet werden.

> "By Explicit CSR we refer to *corporate policies* to assume responsibility for the interest of the society. Explicit CSR would normally consist of voluntary, self-interest driven policies, programmes, and strategies by corporations addressing issues perceived as being part of their social responsibility by the company and/or its stakeholders". "By Implicit CSR we understand the entire of a country's *formal or informal institutions* assigning corporations an agreed share of responsibility for society's interests and concerns. Implicit CSR normally consists of values, norms and rules which result in (mostly mandatory but also customary) requirements for corporations to address issues stakeholders consider a proper obligation upon corporate actors" (Matten/Moon 2008: 11).

Gründe für diese unterschiedlichen Herangehensweisen an CSR-Praktiken sind die institutionellen Rahmenbedingungen und die gesellschaftliche Einbettung der Unternehmen. Genau wie bei der Annahme, dass SRI bei LMEs aufgrund einer weniger starken Regulierung als funktionales Äquivalent für rechtliche Rahmenbedingungen dient (vgl. Waring/Edwards 2008), wird aufgrund dieser weniger starken Regulierung – auch bei CSR-Praktiken im angelsächsischen Kapitalismusmodell – CSR als etwas gehandhabt, das eine gesellschaftliche Legitimierung durch ein Hinausgehen über bestehende rechtliche Regelungen erwirkt. Dies kann als institutionelle Komplementarität beschrieben werden. Sind auf der einen Seite bestimmte Institutionen nicht vorhanden, werden sie an anderer Stelle durch einen anderen Mechanismus eingeführt. Sind sie jedoch vorhanden, so ist die Notwendigkeit auch nicht gegeben, sie durch Finanzmarktprodukte noch zu ergänzen oder weiterzuführen.

Hinzuzufügen ist, dass die Unternehmen im angelsächsischen Kapitalismusmodell durch ihre Shareholder-value-Orientierung auch wesentlich empfänglicher für Druck von Anlegern sind. Somit kann SRI in diesen Ländern strukturell wesentlich mehr bewirken als in CMEs.

Die Screenings, die dort am weitesten verbreitet sind, vervollständigen das differenzierte Bild. Während in Deutschland zu über 90% in „core"-SRI investiert wird, sind es in Großbritannien nur unter 10% des in SRI angelegten Kapitals, die diesen Kriterien entsprechen. Dies bedeutet, dass in Großbritannien SRI-Fonds eine große Rolle spielen, die sehr nah an konventionellen Screenings operieren und lediglich mit wenigen Kriterien über konventionelle Screenings hinausgehen. Anders in Deutschland: Historisch hatte die Umweltbewegung Anfang der 1980er Jahre einen großen Einfluss auf die gesellschaftliche Wahrnehmung von Themen des Umweltschutzes. Durch pfadabhängige Entwicklung ist das Thema Umwelt- und Klimaschutz auch am Finanzmarkt bedeutend. Themenfonds, die auf Technologien für einen nachhaltigen Umgang mit Ressourcen setzen, sind in Deutschland mit einem Anteil von 53% der AuM am gesamten SRI-Anlagemarkt im Jahr 2008 die Spitzenreiter (vgl. Forum Nachhaltige Geldanlagen 2008). In Großbritannien nehmen thematische Screenings nur einen unbedeutenden Platz ein.

Festzuhalten ist, wie Abbildung 21 zeigt, dass die Unterschiede in beiden Ländern hinsichtlich der Anlegergruppen, der Volumina und der Produkte beträchtlich sind. Erklärt werden kann dies zum einen aus einer historischen Perspektive, da beide Länder verschiedene Ausgangspositionen bzw. Akteurskonstellationen aufweisen. Zum anderen sind die institutionellen Bedingungen andere. So sind pfadabhängige Entwicklungen, institutionelle Komplementaritäten und Beharrungskräfte auszumachen, die die beiden Länder auf einem bestimmten Pfad hinsichtlich der SRI-Tätigkeiten hält. Der nationale Kontext bestimmt, wie SRI ausgeübt wird, mit welchen Mitteln operiert wird und welche Anlegergruppen tätig sind. Es kann nicht von einer Homogenität bei SRI zwischen den beiden Ländern gesprochen werden. Eine lokale Einbettung in vorhandene institutionelle Kontexte bestimmt die Adaption von SRI.

**Abbildung 21: Voraussichtliche Nachfragegenerierung von SRI-Produkten**

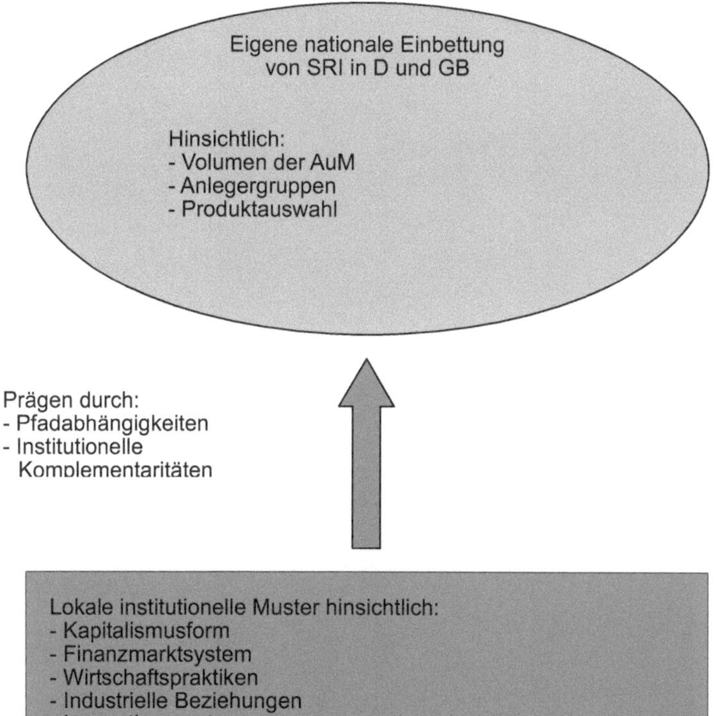


Quelle: EUROSIF (2010): European SRI Study.

# 7 SRI ALS LOKAL ADAPTIERTES MUSTER EINES GLOBALEN MYTHOS – EIN AUSBLICK

Mit beiden Ansätzen, auf der einen Seite der Neo-Institutionalismus nach Meyer, auf der anderen Seite ein „europäischer" Institutionalismus, der die lokalen Kontexte betont, können unterschiedliche Bereiche von SRI erklärt werden. Hinsichtlich der ersten These – dem Stattfinden einer konvergenten Entwicklung – konnte herausgearbeitet werden, dass es im transnationalen europäischen organisationalen Feld des SRI zu Konvergenzen kommt. Durch isomorphe Prozesse werden auf globaler Ebene verbreitete Mythen auf die regionale Ebene der Europäischen Union übertragen. Sowohl eine semantische Homogenisierung bei den Begrifflichkeiten als auch eine europaweite Ausdehnung des Trends hin zu SRI-Produkten und -Fonds belegen diese These. Dies konnte anhand des neoinstitutionalistischen Begriffsinstrumentariums plausibel erläutert werden.

Mittels eines methodologisch-nationalistischen Ansatzes, der den Varieties of Capitalism-Ansatz von Hall/Soskice, den Ansatz der nationalen Innovationssysteme von Lundvall und den National Business Systems-Ansatz von Whitley einschließt, konnte aus institutionalistischer Perspektive auf die zweite These eingegangen werden: eine divergente Entwicklung von SRI in Deutschland und Großbritannien. Es stellte sich heraus, dass, wie in Tabelle 5 ersichtlich wird, erhebliche Unterschiede zwischen den beiden Ländern bestehen. Historisch gewachsene institutionelle Set-ups bestimmen den lokalen SRI-Markt in den beiden Ländern. Sie manifestieren sich über die Anlegergruppen, die Volumina und die Strategien der Akteure am SRI-Markt.

**Tabelle 5: SRI – Hauptunterschiede zwischen Deutschland und Großbritannien**

| | Deutschland | Großbritannien |
|---|---|---|
| **Historische Wurzeln** | Umwelt- und Friedensbewegung Anfang der 1980er Jahre | religiöser Hintergrund; frühe Wurzeln in „moralischen" und „ethischen" Vorstellungen, die am Finanzmarkt eingeführt wurden |
| **Definitionen** | bis 2000: Uneinheitlich, da das Feld in der Öffentlichkeit wenig behandelt wurde;<br>ab 2000: Europaweite Einigung auf SRI mit ESG-Kriterien; Fokus auf Nachhaltigkeit | bis 2000: Ethisches Investment;<br>ab 2000: Europaweite Einigung auf SRI mit ESG-Kriterien; Fokus auf „Ethisches Investment" |
| **Akteure** | private und institutionelle Investoren, wobei ein leichtes Übergewicht der institutionellen vorherrscht | große Pensionsfonds und andere institutionelle Investoren sind marktbeherrschend |
| **SRI-Strategien** | thematische Screenings, Themenfonds, die auf Nachhaltigkeit spezialisiert sind, kombiniert mit einem oder mehreren negativen Kriterien (ethische Exklusion) | vorrangig ethische Exklusion mit einem oder mehreren negativen Kriterien |
| **Volumina** | relativ „kleiner" SRI-Markt; wenn SRI, dann wird in „core"-SRI angelegt | großer SRI-Markt; „broad" und „core"-SRI zusammen wesentlich weiter entwickelt, mit höheren Anlagevolumina |

Quelle: Eigene Darstellung

Konzeptionell können diese beiden scheinbar widerstreitenden Ergebnisse über eine konvergente bzw. divergente Entwicklung auf dem SRI-Markt dahingehend verstanden werden, dass es zu einer lokalen Adaption von globalen Mythen kommt. Es erfolgt eine durch die nationalstaatliche Kultur geprägte Anpassung von global legitimierten Strategien.

Auf globaler Ebene wird der Mythos legitimiert, er wird weiter getragen auf die Ebene der Europäischen Union, der dabei formal entsprochen wird. Auf nationalstaatlicher Ebene werden die Strategien jedoch mit den jeweiligen länderspezifischen Kontexten konfrontiert. Aufgrund historisch gewachsener institutioneller Set-ups, Chancen für Innovationen und kulturellen Gegebenheiten wird SRI unterschiedlich interpretiert. Eine Standardisierung findet lediglich auf globaler und europäischer Ebene statt, wobei – aufgrund mangelnder Kompetenzen – keine zwanghaften Mechanismen (hier gesetzlich bindende Vorschriften) von dieser Ebene auf die nationalen SRI-Muster einwirken.

Der von Robertson (1995) beschriebene Prozess der Globalisierung findet hier Anwendung. Die vormalig rein ökonomisch aufgeladene Formulierung: „the tailoring and advertising of goods and services on a global or near-global basis to increasingly differentiated local and particular markets" (Robertson 1994: 28) unterstreicht, auf SRI-Produkte und Strategien angewendet, die Parallelität von global legitimierten SRI-Mustern, die ins Lokale übersetzt und kontextuell definiert werden. Globale ökonomische Trends werden in spezifisch lokale Handlungszusammenhänge rückgebettet. SRI kann im Spannungsfeld zwischen global legitimierten Mustern und lokalen institutionellen Set-ups verstanden werden und wird von den lokalen Gesellschaften interpretiert.

Aufgrund der kontextuell determinierten Ausübung von SRI in den hier untersuchten Ländern ist der Begriff einer jeweiligen „SRI-Kultur" zutreffend, was die historische Genese, die institutionellen Rahmenbedingungen sowie die länderspezifische Übersetzung von globalen Mustern einschließt.

Laut EUROSIF wird der SRI-Markt in Europa auch in den nächsten Jahren wachsen (EUROSIF 2008a: 18 f.). Wie in Abbildung 22 zu sehen ist, ist die Nachfrage von institutionellen Investoren für die kommenden Jahre groß. Internationale Initiativen treiben das Thema weiter voran und der externe Druck auf Investoren durch zivilgesellschaftliche Gruppen nimmt weiter zu. An vierter Stelle wird die wachsende Nachfrage von Kleinanlegern genannt, die durch die drei anderen Faktoren verstärkt werden dürfte.

Es ist zu vermuten, dass auch die Diskussion um eine verstärkte Regulierung der Finanzmärkte im Zuge der Abarbeitung der Folgen der Finanz- und Wirtschaftskrise 2008/2009 zu einer erhöhten Nachfrage nach SRI-Produkten führt. Die Frage ist, ob sich die Politik und die Öffentlichkeit gegen die Finanzwirtschaft durchsetzen und ob hochspekulative Geschäfte mit ihren möglichen politischen Konsequenzen für ganze Volkswirtschaften unterbunden bzw. eingegrenzt werden können.

Weitere Unterstützung könnte der SRI Markt von wissenschaftlicher Seite erhalten, falls die Diskussion um die Performance von SRI-Fonds positiv für SRI-Produkte endet. Eine Überprüfung der UNEP Finance Initiative von 20 wissenschaftlichen Studien zur Performance von SRI-Produkten ergab, dass die Hälfte der Studien einen positiven Zusammenhang zwischen ESG-Kriterien und der Performance von Portfolios erkannten, sieben Studien keinen Zusammenhang sahen und lediglich 3 Studien eine negative Korrelation ermittelten (UNEP 2007).[29] Ein neues Bewusstsein der Öffentlichkeit hinsichtlich ESG-Kriterien verbunden mit der Einsicht, dass SRI-Produkte keinen finanziellen Nachteil bringen, könnte dem SRI-Markt zusätzlichen Aufwind bescheren.

Die vorliegende Arbeit hat Social Responsible Investment aus einer soziologischen Perspektive handhabbar gemacht. Der institutionalistische Ansatz verspricht vor allem auf diesem Gebiet einen wissenschaftlichen Mehrwert, da die Faktoren, die zu einer nicht rein renditeorientierten Anlageentscheidung führen, nur durch die Miteinbeziehungen von gesellschaftlichen Kontexten verstanden werden kann. Diese Erweiterung des Blickwinkels auf den Finanzmarkt durch die Einführung des Gedankens der Nachhaltigkeit und dessen soziologische Untersuchung lässt Schlüsse über die weitere Entwicklung von SRI zu, die über rein wirtschaftswissenschaftliche Untersuchungen hinausgehen.

Interessant wäre eine tiefergehende quantitative Untersuchung der SRI-Märkte bzw. der „SRI-Kulturen“ in verschiedenen Ländern, die Rückschlüsse auf die weitere Entwicklung von SRI in diesen Ländern zulassen könnten. Als interessante Forschungsperspektive erscheint auch die Diffusion von SRI-Praktiken in Schwellenländer, die eine andere wirtschaftliche und soziale Dynamik aufweisen als westliche Industrienationen in den letzten 30 Jahren.

29 Zur weiteren Diskussion: Mill (2006), Schröder (2004), Jones et al. (2007).

# Literaturverzeichnis

Amaeshi, Kenneth; Grayson, David (2009): The Challenges of mainstreaming Environmental, Social and Governance (ESG) issues in Investment Decisions. A mini survey of practicioners' reports. Online verfügbar unter http://www.investorvalue.org/docs/TheChallengesOfMainstreamingEnvironmentalSocialAndFinancialPerformance.pdf, zuletzt geprüft am 25. 1. 2010.

Aßländer, Michael S.; Schenkel, Markus (2009): Vom Guten, Schönen und vom Baren: Wie praktikabel ist Ethik als Fondskriterium? In: Ulshöfer, Gotlind; Bonnet, Gesine (Hg.): Corporate Social Responsibility auf dem Finanzmarkt. Nachhaltiges Investment – politische Strategien – ethische Grundlagen. Wiesbaden: VS Verlag für Sozialwissenschaften, S. 45–63.

Bach, Maurizio (1999): Die Bürokratisierung Europas. Verwaltungseliten, Experten und politische Legitimation in Europa. Frankfurt am Main, New York: Campus.

Bach, Maurizio (Hg.) (2000): Die Europäisierung nationaler Gesellschaften. Wiesbaden: Opladen.

Bayer, Jürgen (2006): Vom „kooperativen Kapitalismus" zum Finanzmarktkapitalismus – eine Ursachenanalyse. In: Brinkmann, Ulrich; Krenn, Karoline; Schief, Sebastian (Hg.): Endspiel des Kooperativen Kapitalismus? Institutioneller Wandel unter Bedingungen des marktzentrierten Paradigmas. Wiesbaden: VS Verlag für Sozialwissenschaften, S. 35–57.

Becker-Ritterspach, Florian A. A.; Becker-Ritterspach, Jutta C. E. (2006a): Isomorphie und Entkoppelung im Neo-Institutionalismus. In: Senge, Konstanze; Hellmann, Kai Uwe (Hg.): Einführung in den Neoinstitutionalismus. Wiesbaden: VS Verlag für Sozialwissenschaften, S. 102–117.

Becker-Ritterspach, Jutta C. E.; Becker-Ritterspach, Florian A. A. (2006b): Organisationales Feld und Gesellschaftlicher Sektor im Neo-Institutionalismus. In: Senge, Konstanze; Hellmann, Kai Uwe (Hg.): Einführung in den Neoinstitutionalismus. Wiesbaden: VS Verlag für Sozialwissenschaften, S. 118–136.

Bengtsson, Elias (2008): A History of Scandinavian Socially Responsible Investing. In: Journal of Business Ethics, Jg. 82, H. 4, S. 969–983.

Bourghelle, David; Jemel, Hager; Louche, Celine (2009): The Integration of ESG Information into Investment Processes: Toward an Emerging Collective Belief? Working Paper Series 26. Vlerick Leuvent Gent Management School.

Boxenbaum, Eva; Jonsson, Stefan (2008): Isomorphism, Diffusion and Decoupling. In: Greenwood, Royston; Oliver, Christine; Suddaby, Roy; Sahlin, Kerstin (Hg.): The SAGE Handbook of Organizational Institutionalism. Los Angeles, London, New Delhi, Singapore: Sage Publications, S. 78–98.

Brandl, Sebastian (2006): „Deutsches Modell" oder globalisiertes Arrangement? Transformation industrieller Beziehungen und soziale Nachhaltigkeit. Dissertation Berlin, Freie Universität.

Bulmer, Simon; Radaelli, Claudio M. (2005): The Europeanisation of National Policy? In: Bulmer, Simon Christian Lequesne (Hg.): Member States and the European Union. Oxford: Oxford University Press.

Chang, Sug-In (2004): Das Konzept des „National Business System" und der Transfer von HRM-Praktiken multinationaler Unternehmen auf ihre Tochtergesellschaften. Deutsche Unternehmen in Korea – Country-or-Origin oder Host-Country-Effekt. Dissertation Trier, Universität Trier.

Colle, Simone de; York, Jeffrey G. (2009): Why Wine is not Glue? The unresolved Problem of Negative Screening in Socially Responsible Investment. In: Journal of Business Ethics, Jg. 85, H. 1, S. 83–95.

Cowton, Cristopher J. (1994): The Development of Ethical Investment Products. In: Prindl, Andreas R.; Prodhan, Bimal (Hg.): Ethical Conflicts in Finance. Oxford: Blackwell Publishers, S. 213–232.

Cowton, Cristopher J. (1999): Playing by the rules: ehtical criteria at an ethical investment fund. In: Business Ethics: A European Review, Jg. 8, H. 1, S. 60–69.

Dacin, M. Tina; Goodstein, Jerry; Scott, Richard W. (2002): Institutional Theory and Institutional Change: Introduction to the Special Research Forum. In: Academy of Management Journal, Jg. 45, H. 1, S. 45–57.

Deutschmann, Christoph (2006): Keynes und der Finanzmarkt-Kapitalismus. In: Brinkmann, Ulrich; Krenn, Karoline; Schief, Sebastian (Hg.): Endspiel des Kooperativen Kapitalismus? Institutioneller Wandel unter den Bedingungen des marktzentrierten Paradigmas. Wiesbaden, S. 58–75.

Deutschmann, Christoph (2008): Der kollektive „Buddenbrooks-Effekt". Die Finanzmärkte und die Mittelschichten. MPIfG Working Paper 08/5.

DiMaggio, Paul J.; Powell, Walter W. (1983): The Iron Cage Revisited: Institutional Isomorphism and Collective Rationality in Organizational Fields. In: American Sociological Review, Jg. 48, H. 2, S. 147–160.

Edquist, Charles (1997): Systems of innovation approaches – their emergence and characteristics. In: Edquist, Charles (Hg.): Systems of Innovation: Technologies, Institutions and Organizations. London: Pinter/Cassell.

Edquist, Charles (2005): Systems of innovation. Perspectives and Challenges. In: Fagerberg, Jan; Mowery, David C.; Nelson, Richard (Hg.): The Oxford Handbook of Innovation. Oxford: Oxford University Press, S. 181–204.

Figge, Frank; Hahn, Tobias; Illge, Lydia (2010): Unsere Bilanz soll grüner werden. In: Le Monde Diplomatique, Jg. 16, Ausgabe 2, 2010.

Freeman, Christopher (1987): Technology Policy and Economic Performance. Lessons from Japan. London: Pinter Publisher.

Geppert, Mike; Matten, Dirk; Schmidt, Peggy (2006): Hintergründe und Probleme der Transnationalisierung multinationaler Unternehmungen: Globale Isomorphismen, national business systems und transnationale soziale Räume. In: Mense-Petermann, Ursula; Wagner, Gabriele (Hg.): Transnationale Konzerne: Ein neuer Organisationstyp? Wiesbaden: VS Verlag für Sozialwissenschaften, S. 85–120.

Greenwood, Royston; Oliver, Christine; Sahlin, Kerstin; Suddaby, Roy (2008): Introduction. In: Greenwood, Royston; Oliver, Christine; Suddaby, Roy; Sahlin, Kerstin (Hg.): The SAGE Handbook of Organizational Institutionalism. Los Angeles, London, New Delhi, Singapore: Sage Publications, S. 1–46.

Gregersen, Brigitte; Johnson, Björn (1997): Learning Economies, Innovation Systems and European Integration. In: Regional Studies, Jg. 31, H. 5, S. 479–490.

Günther, Tina (2007): Struktur- und Kulturwandel international tätiger deutscher Großunternehmen. Wiesbaden: Deutscher Universitäts-Verlag.

Hall, Peter A.; Soskice, David (Hg.) (2001): Varieties of Capitalism. The Institutional Foundations of Comparative Advantage. Oxford, New York: Oxford University Press.

Hasse, Raimund; Krücken, Georg (Hg.) (2005): Neo-Institutionalismus. 2., vollständig überarbeitete Auflage. Bielefeld: Transcript Verlag.

Hawken, Paul (2004): Socially Responsible Investing. How the SRI Industry has failed to respond to people who want to invest with conscience and what can be done to change it. Natural Capital Institute. Online verfügbar unter http://www.naturalcapital.org/docs/SRI%20Report% 2010-04_word.pdf, zuletzt geprüft am 12. 1. 2010.

Hiß, Stefanie (2007): Corporate Social Responsibility – Über die Durchsetzung von Stakeholder-Interessen im Shareholder-Kapitalismus. In: Berliner Debatte Initial, Jg. 18, H. 4/5, S. 6–16.

Jones, Stewart; van der Laan, Sandra; Frost, Geoff; Loftus, Janice (2008): The investment Performance of Socially Responsible investment Funds in Australia. In: Journal of Business Ethics, Jg. 80, H. 2, S. 181–203.

Keynes, John Meynard (1926): Das Ende des Laissez-Faire. Ideen zur Verbindung von Privat- und Gemeinwirtschaft. München und Leipzig: Duncker und Humblot.

Kreander, Niklas; McPhail, Ken; Molyneaux, David (2004): God's fund managers. A critical study of stock market investment practices of the Church of England and UK Methodists. In: Accounting, Auditing & Accountability Journal, Jg. 17, H. 3, S. 408–441.

Krücken, Georg (Hg.) (2005): Weltkultur. Wie die westlichen Prinzipien die Welt durchdringen. Frankfurt am Main: Suhrkamp.

Lane, Christel (1994): European Business Systems: Britain and Germany Compared. In: Whitley, Richard (Hg.): European Business Systems. Firms and Markets in their National Contexts. London, Thousend Oaks, New Delhi: Sage Publications, S. 64–97.

Logsdon, Jeanne M.; van Buren, Harry J., III (2008): Justice and Large Corporations: What Do Activist Shareholders Want? In: Business & Society, Jg. 47, H. 4, S. 523–548.

Logsdon, Jeanne M.; van Buren, Harry J., III (2009): Beyond the Proxy Vote: Dialogues Between Shareholder Activists and Corporations. In: Journal of Business Ethics, Jg. 87, H. 1, S. 353–365.

Louche, Céline (2004): Ethical Investment. Processes and mechanisms of instituionalisation in the Natherlands 1990–2002. Dissertation Rotterdam, Erasmus University.

Louche, Céline (2009): Socially Responsible Investment: Global Convergence or Local Divergence? In: Bettignies, Henri-Claude de; Lepinaux, Francois (Hg.): Finance for a Better World. The Shift towards Sustainability. New York: Palgrave Macmillan, S. 51–70.

Louche, Céline; Lydenberg, Steven (2006): Socially Responsible Investment: Differnences between Europe and the United States. Working paper series 2006-22. University of Ghent.

Lozano, Josep M.; Albareda, Laura; Balaguer, M. Rosario (2006): Socially Responsible Investment in the Spanish financial market. In: Journal of Business Ethics, Jg. 69, H. 3, S. 305–316.

Lundvall, Bengt-Ake (1999): National Business Systems and National Systems of Innovation. In: International Studies of Management & Organisation, Jg. 29, H. 2, S. 60–77.

Lundvall, Bengt-Ake; Johnson, Björn; Andersen, Esben Sloth; Dalum, Bent (2002): National Systems of production, innovation and competence building. In: Research Policy, Jg. 31, H. 2, S. 213–231.

Meyer, John W. (1994): Rationalized Environments. In: Scott, Richard W.; Meyer, John W. (Hg.): Institutional Environments and Organizations. Structural Complexity and Individualism. Thousend Oaks, London, New Delhi: Sage Publications, S. 32–54.

Meyer, John W. (2000): Globalization: Sources and Effects on National States and Societies. In: International Sociology, Jg. 15, H. 2, S. 233–248.

Meyer, John W. (2005): Vorwort. In: Hasse, Raimund; Krücken, Georg (Hg.): Neo-Institutionalismus. 2., vollständig überarbeitete Auflage. Bielefeld: Transcript Verlag, S. 5–13.

Meyer, John W.; Rowan, Brian (1977): Institutionalized Organizations: Formal Structure as Myth and Ceremony. In: The American Journal of Sociology, Jg. 83, H. 2.

Meyer, John W.; Boli-Bennett, John; Chase-Dunn, Christopher (1975): Convergence and Divergence in Development. In: Annual Review of Sociology, Jg. 1, S. 223–243.

Meyer, John W.; Boli, John; Thomas, George M. (2005): Ontologie und Rationalisierung im Zurechnungssystem der westlichen Kultur. In: Krücken, Georg (Hg.): Weltkultur. Wie die westlichen Prinzipien die Welt durchdringen. Frankfurt am Main: Suhrkamp, S. 17–46.

Meyer, John W.; Jepperson, Ronald L. (2000): The "Actors" of Modern Society: The Cultural Construction of Social Agency. In: Sociological Theory, Jg. 18, H. 1, S. 100–120.

Meyer, John W.; Jepperson, Ronald L. (2005): Die „Akteure" der modernen Gesellschaft: Die kulturelle Konstruktion sozialer Agentschaft. In: Krücken, Georg (Hg.): Weltkultur. Wie die westlichen Prinzipien die Welt durchdringen. Frankfurt am Main: Suhrkamp, S. 47–84.

Meyer, John W.; Scott, Richard W. (Hg.) (1983): Organizational Environments. Ritual and Rationality. Beverly Hills, London, New Delhi: Sage Publications.

Meyer, Renate; Hammerschmid, Gerhard (2006): Die Mikroperspektive des Neo-Institutionalismus. Konzeption und Rolle des Akteurs. In: Senge, Konstanze; Hellmann, Kai Uwe (Hg.): Einführung in den Neoinstitutionalismus. Wiesbaden: VS Verlag für Sozialwissenschaften, S. 160–171.

Midttun, Atle; Micula, Augusto Rupérez; Omland, Terje (2003): Path-dependent national systems or european convergence? The case of European electricity markets. In: Djelic, Marie-Laure; Quack, Sigrid (Hg.): Globalization and Institutions. Redefining the Rules of the Economic Game. Cheltenham; Northampton: Edward Elgar, S. 161–192.

Morel, Julius et al. (Hg.) (2001): Soziologische Theorie. Abriß der Ansätze ihrer Hauptvertreter. 7., bearbeitete und erweiterte Auflage. München, Wien: R. Oldenbourg Verlag.

Münch, Richard (2009): Das Regime des liberalen Kapitalismus. Inklusion und Exklusion im neuen Wohlfahrtsstaat. Frankfurt am Main, New York: Campus.

Nee, Victor (1998): Sources of the New Institutionalism. In: Brinton, Mary C.; Nee, Victor (Hg.): The New Institutionalism in Sociology. New York: Russel Sage Foundation, S. 1–17.

Nelson, Richard (Hg.) (1993): National Systems of Innovation: a comparative Analysis. Oxford: Oxford University Press.

Nelson, Richard; Rosenberg, Nathan (1993): Technical Innovation and National Systems. In: Nelson, Richard (Hg.): National Systems of Innovation: a comparative Analysis. Oxford: Oxford University Press, S. 3–21.

Kadritzke, Nils (2010): Griechenland – auf Gedeih und Verderb. In: Le Monde Diplomatique, Jg. 16, Ausgabe 1, 2010.

Pachtner, Martin (2010): Stabile Aktionärsquote trotz Krisenjahr. BörseGo. Online verfügbar unter http://www.godmode-trader.de/nachricht/Stabile-Aktionaersquote-trotz-Krisenjahr,a2053665.html, zuletzt geprüft am 13. 3. 2010.

Robertson, Roland (1995): Glocalization: Time – Space and Homogenity – Heterogenity. In: Featherstone, Mike; Lash, Scott; Robertson, Roland (Hg.): Global Modernities. London, Thousend Oaks, New Delhi: Sage Publications, S. 25–44.

Sakuma, Kyoko; Louche, Céline (2008): Socially Responsible Investment in Japan: Its Mechanisms and Drivers. In: Journal of Business Ethics, Jg. 82, H. 2.

Schröder, Michael (2004): The Performance of Socially Responsible Investments: Investment Funds and Indices. In: Financial Market and Portfolio Management, Jg. 18, H. 2, S. 122–142.

Schülein, Johann August (1998): Sozialwissenschaftliche Theorie und Subjektbegriff. In: Österreichische Zeitschrift für Politikwissenschaft, H. 3.

Schwartz, Mark S. (2003): The "Ethics" of Ethical Investing. In: Journal of Business Ethics, Jg. 43, H. 3, S. 195–213.

Scott, Richard W. (1983): Introduction. In: Meyer, John W.; Scott, Richard W. (Hg.): Organizational Environments. Ritual and Rationality. Beverly Hills, London, New Delhi: Sage Publications, S. 13–21.

Scott, Richard W. (1994): Conceptualizing Organizational Fields. Linking Organizations and Societal Systems. In: Derlien, Hans-Ulrich; Gerhardt, Uta; Scharpf, Fritz W. (Hg.): Systemrationalität und Partialinteresse. Baden-Baden: Nomos, S. 203–222.

Scott, Richard W. (1995): Institutions and Organizations. London, Thousend Oaks, New Delhi: Sage Publications.

Scott, Richard W. (2001): Institutions and Organisations. Second edition, Thousend Oaks, London, New Delhi: Sage Publications: S. 47–89.

Scott, Richard W. (2003): Organizations. Rational, Natural, and Open Systems. 5. Aufl. New Jersey: Prentice Hall.

Scott, Richard W.; Meyer, John W. (1991): The Organization of Societal Sectors: Propositions and Early Evidence. In: Powell, Walter W.; DiMaggio, Paul J. (Hg.): The New Institutionalism in Organizational Analysis. Chicago, London: The University of Chicago Press, S. 108–142.

Scott, Richard W.; Meyer, John W. (Hg.) (1994): Institutional Environments and Organizations. Structural Complexity and Individualism. Thousend Oaks, London, New Delhi: Sage Publications.

Senge, Konstanze (2006): Zum Begriff der Institution im Neo-Institutionalismus. In: Senge, Konstanze; Hellmann, Kai Uwe (Hg.): Einführung in den Neoinstitutionalismus. Wiesbaden: VS Verlag für Sozialwissenschaften, S. 35–48.

Sjöström, Emma (2008): Shareholder Activism for Coprorate Social Responsibility: What do we know? In: Sustainable Development, Jg. 16, S. 141–154.

Sparkes, Russell (2001): Ehtical investment: whose ethics, which investment? In: Business Ethics: A European Review, Jg. 10, H. 3, S. 194–205.

Streeck, Wolfgang (1999): Korporatismus in Deutschland. Zwischen Nationalstaat und Europäischer Union. Frankfurt am Main, New York: Campus.

Streeck, Wolfgang; Thelen, Kathleen (2005): Introduction: Institutional Change in Advanced Political Economies. In: Streeck, Wolfgang; Thelen, Kathleen (Hg.): Beyond Continuity. Institutional Change in Advanced Political Economies. Oxford, New York: Oxford University Press, S. 1–39.

Tempel, Anne; Walgenbach, Peter (2007): Global Standardization of Organizational Forms and Management Practices? What New Institutionalism and the Business-Systems Aproach Can Learn from Each Other. In: Journal of Management Studies, Jg. 44, H. 1, S. 1–24.

Tkac, Paul (2006): One Proxy at a Time: Pursuing Social Change through Shareholder Proposals. In: Economic Review, Jg. 91, H. 3, S. 1–20.

Ulshöfer, Gotlind; Bonnet, Gesine (Hg.) (2009): Corporate Social Responsibility auf dem Finanzmarkt. Nachhaltiges Investment – politische Strategien – ethische Grundlagen. Wiesbaden: VS Verlag für Sozialwissenschaften.

Vitols, Sigurt (2004a): Continuity and Change: Making Sense of the German Model. In: Competition & Change, Jg. 8, H. 4, S. 331–337.

Vitols, Sigurt (2004b): Negotiated Shareholder Value: the German Variant of an Anglo-American Practice. In: Competition & Change, Jg. 8, H. 4, S. 357–374

Vitols, Sigurt (2001): Varieties of Corporate Governance: Comparing Germany and the UK. In: Hall, Peter A.; Soskice, David (Hg.): Varieties of Capitalism. The Institutional Foundations of Comparative Advantage. Oxford, New York: Oxford University Press, S. 337–359.

Vitols, Sigurt (2005): Changes in Germany's Bank-Based Financial System: Implications for Corporate Governance. In: Corporate Governance: An International Review, Jg. 13, H. 2, S. 386–396.

Waring, Peter; Edwards, Tony (2008): Socially Responsible Investment: Explaining its Uneven Development and Human Resource Management Consequences. In: Corporate Governance: An International Review, Jg. 16, H. 3, S. 135–145.

Whitley, Richard (1994a): Dominant Forms of Economic Organization in Market Economies. In: Organization Studies, Jg. 15, H. 2, S. 153–182.

Whitley, Richard (Hg.) (1994b): European Business Systems. Firms and Markets in their National Contexts. London, Thousend Oaks, New Delhi: Sage Publications.

Whitley, Richard (1999): Divergent Capitalisms. The Social Structuring and Change of Business Systems. Oxford, New York: Oxford University Press.

Whitley, Richard (2003): Changing transnational institutions and the management of international business transactions. In: Djelic, Marie-Laure; Quack, Sigrid (Hg.): Globalization and Institutions. Redefining the Rules of the Economic Game. Cheltenham; Northampton: Edward Elgar, S. 108–137.

Wood, Stewart (2001): Business, Goverment, and Patterns of Labour Market Policy in Britain and the Federal Republic of Germany. In: Hall, Peter A.; Soskice, David (Hg.): Varieties of Capitalism. The Institutional Foundations of Comparative Advantage. Oxford, New York: Oxford University Press, S. 247–275.

Wooten, Melissa; Hoffman, Andrew J. (2008): Organizational Fields: Past, Present and Future. In: Greenwood, Royston; Oliver, Christine; Suddaby, Roy; Sahlin, Kerstin (Hg.): The SAGE Handbook of Organizational Institutionalism. Los Angeles, London, New Delhi, Singapore: Sage Publications, S. 130–147.

Zucker, Lynne G. (1977): The Role of Instiutionalization in Cultural Persistance. In: American Sociological Review, Jg. 42, S. 726–743.

Zürn, Michael (1998): Regieren jenseits des Nationalstaates. Frankfurt am Main: Suhrkamp.

## Onlinedokumente:

Bundesverband der deutschen Industrie (2010): Die Industrie – Fundament der deutschen Wirtschaft. Online verfügbar unter http://www.bdi.eu/540.htm, zuletzt geprüft am 12. 3. 2010.

Dow Jones Sustainability Index STOXX Guidebook (2009). (9.1). Online verfügbar unter http://www.sustainability-index.com/djsi_pdf/publications/Guidebooks/DJSI_STOXX_Guidebook_91.pdf, zuletzt geprüft am 13. 5. 2010.

Enhanced Analytics Initiative (2008): A steady course in rough sea. June 2008 evaluation of extra-financial research. Online verfügbar unter http://www.enhanced-analytics.com/portal/Library/Documents/EAI/EVALUATION/en_LIB04175.pdf, zuletzt geprüft am 25. 1. 2010.

Europäische Kommission (2006): Implementing the Partnership for Growth and Jobs: Making Europe a Pole of Excellence on Corporate Social Resposibility. Online verfügbar unter http://eur-lex.europa.eu/LexUriServ/LexUriServ.do?uri=COM:2006:0136:FIN:en:PDF, zuletzt geprüft am 21. 1. 2010.

Europäische Kommission (2001): Green Paper. Promoting a European Framework for Corporate Responsibility. Online verfügbar unter http://eur-lex.europa.eu/LexUriServ/site/en/com/2001/com2001_0366en01.pdf, zuletzt geprüft am 21. 1. 2010.

Europäische Kommission (2009): European Innovation Scoreboard 2008. Comparative analysis of innovation performance. Online verfügbar unter http://www.eis.eu, zuletzt geprüft am 12. 3. 2010.

Europäisches Parlament (2007): European Parliament resolution of 13 March 2007 on corporate social responsibility: a new partnership. Online verfügbar unter http://www.europarl.europa.eu/sides/getDoc.do?pubRef=-//EP//TEXT+TA+P6-TA-2007-0062+0+DOC+XML+V0//EN, zuletzt geprüft am 21. 1. 2010.

Eurosif (2008a): European SRI Study. Herausgegeben von European Social Investment Forum. Online verfügbar unter http://www.eurosif.org/publications/sri_studies, zuletzt geprüft am 19. 7. 2009.

Eurosif (2008b): High Net Worth Individuals & Sustainable Investment. Herausgegeben von European Social Investment Forum. Online verfügbar unter http://www.eurosif.org/publications/hnwi_sustainable_investment, zuletzt geprüft am 19. 6. 2009.

Eurosif (2004): Die EUROSIF Transparenzleitlinien für Publikumsfonds. Online verfügbar unter http://www.forum-ng.de/upload/pdf/final_textversion_dt.pdf, zuletzt geprüft am 21. 1. 2010.

Eurosif (2010): European SRI-Study. Herausgegeben von European Social Investment Forum. Online verfügbar unter http://www.eurosif.org/images/stories/pdf/Research/Eurosif_2010_SRI_Study.pdf, zuletzt geprüft am 20. 4. 2012.

Forum Nachhaltige Geldanlagen (2008): Statusbericht Nachhaltiger Anlagemarkt. Deutschland, Österreich und die Schweiz. Online verfügbar unter http://www.forum-ng.de/upload/pdf/Interne_Studien/Statusbericht_FNG_2008.pdf, zuletzt geprüft am 20. 3. 2010.

Forum Nachhaltige Geldanlagen (2010): Online verfügbar unter http://www.forum-ng.de/front_content.php?idcat=81, zuletzt geprüft am 12. 1. 2010.

Friends Provident (2009): Investieren ist eine komplexe Sache. Herausgegeben von Friends Provident. Online verfügbar unter http://www.friendsprovident.co.uk/doclib/xin40v.pdf, zuletzt geprüft am 11. 1. 2010.

Friends Provident (2010a): Eurosiftransparency. Herausgegeben von Friends Provident. Online verfügbar unter http://www.friendsprovident.co.uk/doclib/eurosiftransparency.pdf, zuletzt geprüft am 11. 1. 2010.

Friends Provident (2010b): Stewardship Criteria & Policies. Herausgegeben von Friends Provident. Online verfügbar unter http://www.friendsprovident.co.uk/doclib/WMNS005.pdf, zuletzt geprüft am 11. 1. 2010.

Kinder, Peter D. (2005): "Socially Responsible Investing": An Evolving Concept In A Changing World. KLD Research & Analytics. Online verfügbar unter http://www.greenbiz.com/files/document/CustomO16C45F65148.pdf, zuletzt geprüft am 19. 6. 2009.

OECD (2007): Recent Trends and Regulatory Implications in Socially Responsible Investment for Pension Funds. Online verfügbar unter http://www.oecd.org/dataoecd/3/0/38550550.pdf, zuletzt geprüft am 19. 1. 2010.

RIAA (2008): Responsible Investment 2008. Herausgegeben von Responsible Investment Association Australasia. Online verfügbar unter http://www.responsibleinvestment.org/files/WY8LIPMQKG/RIAA_Responsible_Investment_2008.pdf, zuletzt geprüft am 14. 5. 2010.

UKSIF (2010). Online verfügbar unter http://www.uksif.org/about/values_principles, zuletzt geprüft am 12. 1. 2010.

UNEP (2007): Principles for Responsible Investment. Report on Progress. Online verfügbar unter www.unpri.org/report08, zuletzt geprüft am 19. 6. 2009.

UNPRI (2008): Report on Progress. Online verfügbar unter http://www.unpri.org/files/2008PRI_Report_on_Progress.pdf, zuletzt geprüft am 20. 1. 2010.

Vigeo (2009): Green, Social and Ethical Funds in Europe – 2009 Review. Mailand. Online verfügbar unter http://www.eurosif.org/content/download/909/5094/version/1/file/Green+social+and+ethical+funds+in+Europe_2007+Review.pdf, zuletzt geprüft am 22. 2. 2010.

Zeitfracht Medien GmbH
Ferdinand-Jühlke-Straße 7
99095 Erfurt, Deutschland
produktsicherheit@kolibri360.de